重新发现乡村

曾祥明 著

東北林業大學出版社
Northeast Forestry University Press

图书在版编目（CIP）数据

重新发现乡村／曾祥明著．—哈尔滨：东北林业大学出版社，2016.12（2024.8重印）

ISBN 978－7－5674－0995－8

Ⅰ．①重…　Ⅱ．①曾…　Ⅲ．①农民问题—研究—中国　Ⅳ．①D422.64

中国版本图书馆 CIP 数据核字（2017）第 015605 号

责任编辑：赵　侠　于之承

封面设计：宗彦辉

出版发行：东北林业大学出版社

（哈尔滨市香坊区哈平六道街 6 号　邮编：150040）

印　　装：三河市天润建兴印务有限公司

开　　本：710 mm×1 000 mm　1/16

印　　张：14.25

字　　数：169 千字

版　　次：2017 年 9 月第 1 版

印　　次：2024 年 8 月第 3 次印刷

定　　价：55.00 元

“中国梦”的软实力

（自　序）

2012年11月29日，习近平总书记率领新一届中央领导集体在中国国家博物馆参观“复兴之路”展览时，首次掷地有声地提出了实现中华民族伟大复兴的“中国梦”，之后对其做了系统而深刻的阐述。这是以习近平同志为核心的党中央着眼坚持和发展中国特色社会主义提出的重要战略思想，是激励中华儿女团结奋进、继往开来的一面精神旗帜，是党和国家向全世界发出的最响亮的政治宣言，具有不可估量的软实力。

一、“中国梦”体现了中华民族伟大的凝聚力和担当力

每个人都有自己的梦想，每个民族也都有自己的梦想。习近平总书记指出：“实现中华民族伟大复兴，就是中华民族近代以来最伟大的梦想。”[①]“中国梦”具有为实现国家富强、民族复兴、人民幸福而凝聚人心的伟力，无论面对多少挑战、多大困难，始终以中华民族深厚的文化积淀和历史智慧为底蕴，给人以希望、启

① 习近平．习近平谈治国理政［M］．北京：外文出版社，2014.

迪和力量。它一经提出，立刻焕发出无穷的凝聚力，全国上下再次爆发出了爱我中华、兴我中华的极大热情。以至于外国人感叹中国人搞发展的劲头再次被点燃。

其实，了解中国历史的人都会明白，“中国梦”之所以极大地激发了中国人民发展国家、振兴民族、实现富强的热情，是因为这个梦想反映了中国人民包括海外同胞的共同心声、共同愿景、共同意志，是凝聚全党和全国人民的最大共识。正如习近平总书记所言：“这个梦想，凝聚了几代中国人的夙愿，体现了中华民族和中国人民的整体利益，是每一个中华儿女的共同期盼。”中国近代史表明，国家不富强，就会被外敌欺侮；民族不复兴，就枉称龙的传人。这是深藏在中华儿女内心希望实现“中国梦”的原动力，是中国人总有那么一股民族复兴的心结和劲头的所在，是内化于中国人身上的中华文化的外在回归以及民族自新、华夏自强的时代担当。“中国梦”是国家民族的梦，更是每个中国人的梦。“中国梦”的实现过程将为人民创造“共同享有人生出彩的机会，共同享有梦想成真的机会，共同享有同祖国和时代一起成长与进步的机会”①。实现“中国梦”，就是实现老百姓自己的梦。

二、“中国梦”展现了中华儿女实现伟大抱负的文化引领力与民族自信力

“中国梦”源于中华民族昔日的辉煌，只有曾经有过辉煌历史的民族才会怀有复兴之梦。中华民族是世界上唯一有着从未间断的悠久灿烂文明的民族，曾经长期在世界上处于领先地位。“文景

① 习近平．习近平谈治国理政［M］．北京：外文出版社，2014.

之治""贞观之治""开元盛世""永宣之治""康乾盛世"等都承载着华夏儿女的荣光和辉煌。这种昔日的辉煌使得实现"中国梦"具有鲜明的民族自觉与民族自信。长期以来，"中华文明带给中国人民的强烈民族自豪感和文化自豪感，构成了实现中华民族伟大复兴的大众心理基础和基本精神动力"，引领着中华儿女为之不懈努力。

改革开放以来，中华民族不畏艰辛、勇于探索、努力实干，取得了举世瞩目的成果。当今中国呈现出经济日益发达、政治日益昌明、文化更加繁荣、社会更加和谐的积极态势。自 2010 年起，我国经济总量跃居世界第二位，人民生活水平实现了从温饱到总体小康的历史性跨越。这是实现"中国梦"的自信基石。伦敦经济学院亚洲研究中心研究员马丁·雅克看到了这一点，他认为之所以"中国对未来、对自己在未来世界格局中的位置越来越自信"，是因为"经济成功赋予了整个国家和领导者强烈的自我认同和自我信任感"，"世界的中心正在从只有少数人口的发达国家开始向多数人口居住的发展中国家转移"，中国成为发展中国家转型的引擎和楷模"[①]。

"长风破浪会有时"，中华民族从来没有像今天这样扬眉吐气，也从来没有像今天这样对更加美好的明天充满自信。改革开放的伟大成就，中国道路的成功实践，为中华民族找回了曾经一度缺失的自信。如今，"中国梦"距离我们不再遥远，它是必定实现的美好未来。正如习近平总书记所说："经过鸦片战争以来 170 多年的持续奋斗，中华民族伟大复兴展现出光明的前景。现在，我们

① 齐卫平．中国梦正在发挥巨大感召力——"中国梦的世界对话"国际研讨会发言摘编［N］．人民日报，2013-12-12.

比历史上任何时期都更接近中华民族伟大复兴的目标，比历史上任何时期都更有信心、有能力实现这个目标。”① 自信心已经由内而外流露于人民的脸上与政府的政治宣言上。

三、“中国梦”对爱好世界和平、致力世界发展的各国人民具有强大的感召力

“中国梦”是中国维护世界和平、促进世界发展的再次宣言，表达了中国和中国人民愿与世界共赢的胸怀与期盼。习近平指出，我们要实现的“中国梦”，不仅造福中国人民，而且造福世界各国人民。中华民族“是伟大的民族，在五千多年的文明发展历程中，为人类的文明进步做出了不可磨灭的贡献”。近代以来，中国的式微不仅使中华民族处于水深火热之中，历经磨难，而且由于中国这支和平力量的减弱让世界人民，特别是亚洲人民处于命运多舛之境，更无从谈对人类的贡献。中国人自古秉持“和为贵”“和而不同”“天下大同”的理念，主张不同国家、不同文明之间平等交流、相互借鉴、共同进步。爱好和平、追求和谐，融化于中华民族的血脉之中。实现中华民族的伟大复兴，将使中华民族更加坚强有力地自立于世界民族之林，增添维护世界和平与促进世界发展的力量。

“中国梦”倡导互利共赢、共同发展。中国发展，迎来全球发展机遇。“中国梦”不仅是属于中国的，也是属于世界的，“和包括美国梦在内的世界各国人民的美好梦想相通”。实现“中国梦”是世界的重大利好。对此，来自世界各国的不少学者都取得共识，

① 习近平．习近平谈治国理政［M］．北京：外文出版社，2014.

乐见“中国梦”的伟大实现。如印度学者贾甘纳特·潘达认为，“中国梦是人民梦、国家梦，也是一个国际梦”，“在国际梦的意义层面，不仅仅是要在追求中国梦中关注国家利益，毫无疑问也会关注其他国家的利益，将为改善世界做出更大贡献”，“目前‘中国梦’在整个中国的政策实践当中，充分体现了其国际互利合作趋向。比如说中国的崛起，中国的和平发展等，都包含了要跟其他国家共赢的含义”。[①] 美国芝加哥大学教授谭中认为，中国“是一个内向的、重文轻武的国家。中华文明从不逞强，从不好战，主张‘和为贵’”，“13 亿人的中国梦里，都会有‘计利当计天下利，求名应求万世名’的内容”，世界人民可以同享“中国梦”。英国牛津大学政治学教授拉纳·米德认为，“中国梦不仅是中国人民的梦想，而且面向全世界”。

“中国梦”是当代中国政治价值以及社会发展价值的指向。“中国梦”的提出使世界人民更加了解和认同中国的发展目标、发展道路和发展动力，有助于消解意识形态的偏见和文化的隔阂，使西方重新认识中国，提升“中国道路”“中国制度”“中国理论”的世界感召力和影响力，从而重塑当代中国的国家形象，提升中华文化软实力，特别是社会主义文化的话语权和向心力。如俄罗斯科学院远东研究所研究员罗曼诺夫认为：“‘中国梦’深深地植根于本国的历史和文化传统之中。中国的发展模式也是‘中国梦’的重要资源，可以为一些国家提供参考。”同时，“中国梦”是民族复兴的“文化梦”。“中国梦”是文化中国之梦、文明中国之梦，是对具有普世性的中华文化价值观的通俗化表述，体现了中国文

① 齐卫平．中国梦正在发挥巨大感召力——“中国梦的世界对话”国际研讨会发言摘编［N］．人民日报，2013-12-12.

化精神的人类共识。“中国梦”作为“中国传统文化精神的一种当代性体现，对中国文化价值观作出了世界性的新诠释，并参与世界文化秩序的重构，寻求在全球发展中作出积极贡献”。坚定不移地推进“中国梦”的实现，中华文明必将放射出更加灿烂的光芒。正如2014年3月27日习近平总书记在联合国教科文组织巴黎总部开会时所言，“实现中国梦，是物质文明和精神文明比翼双飞的发展过程。中华文明同世界各国人民创造的丰富多彩的文明一道，为人类提供正确的精神指引和强大的精神动力”①。

我们相信，有了党和政府的指引、中华儿女的担当、世界人民的欢迎，“中国梦”一定能够实现！

① 应强，魏建华．习近平在联合国教科文组织总部发表演讲［EB/OL］．新华网．(2014-03-28)［2015-01-25］．http：//news. xinhuanet. com/world/2014-03/28/c _ 119982678. htm.

目　录

第一篇

婚姻家庭

七天定下婚姻带来的思考

在打工经济下，农村发生了巨大的变化。走了青年男女，留下了老弱病幼。如今，人们时常谈论“留守儿童”“留守老人”“空心村”等，各类描述农村危机的新词一一诞生，却忽视了同样需要关注的农村青年的婚姻问题。这让我想起去年①春节在家乡看到的一个婚姻的“诞生”。

春节，对于在外打工的男女青年是一个难得的休息放松的机会，更是一个相亲求偶的好时机。长年在外的打工者们，由于工作的特性，一般难以深层次地接触异性，也没有时间去了解异性。这个时候，同乡、同学以及同学的同学、老乡等就成了可信任也可追求的对象了。

大年初三，一个阳光明媚的上午，已 26 岁的杨某甲（男孩）心事重重。按照事前的约定，今天他要去相亲，去见一个本村的女孩。虽说是同村，但初中毕业之后就在外工作，多年未见，心里没底。只是年龄到了 26 岁，在该村来说，这个年龄算是大龄青年了。很多女孩不到 20 岁就已经订婚甚至嫁人了；男孩子到了 22

---

① 这里指 2006 年。

岁左右还没有结婚或定亲[①]，就意味着这个男孩有“问题”或者他的家庭“不行”。这在当地是既无较好经济实力也无较好声望的表现，之后就意味着他和他的家庭在当地很没面子，这会进一步导致他娶不到老婆。所以，杨某甲的忐忑之情可想而知。杨某甲担心：第一，自己并不善言谈，更何谈约会的幽默；第二，这几年打工并无多少积蓄，经济能力有限；第三，要去相亲的女孩已经有了另外一名追求对象，只是因为是女孩家族的一个远房亲戚，女孩父母并不乐见；第四，女孩有一定的姿色，不一定能看得上自己；第五，自己和女孩适合吗？一连串的问题不时地闪现在杨某甲的脑中。不过，杨某甲的父母没有这么多忧虑，他们对于办成这门婚事还是相当有信心的：第一，知道女孩的父母不同意另一个男孩的追求；第二，知道女孩的父母希望这个女孩早日嫁出，最好嫁得近一点，这样以后能有一个往来；第三，杨某甲的哥哥刚好开办了一个小工厂，这是有一定经济实力的表现，虽然并不是杨某甲自己的，但会增加整个大家庭的声望，为杨某甲增加一些分量。

从杨某甲的言谈中能够感觉到，他更烦恼的是自己很想去谈场恋爱，找一个自己追求的姑娘为妻，可是这几乎是不可能的。一来自己并无多少积蓄，怎么在外面去谈恋爱啊，在外面谈恋爱实在是没保障，自己也不太可能在外面定居，有女孩愿意和自己回到农村老家吗？不愿意了跑了怎么办，自己跟小孩过？二来自己这些年也几乎没怎么跟其他女孩接触过，不知道恋爱要怎么谈。

---

① 这些年由于在外工作的男青年越来越多，结婚年龄呈现出两种有意思的分化：一种是同居（事实婚姻）年龄越来越小，有的在16～18岁开始同居，或办酒席，然后等到法定年龄再去办理结婚登记；另一种是结婚年龄越来越大，少数男青年过了二十七八岁，甚至30多岁了，仍然没有找到结婚对象。

随着年龄的增大，杨某甲的父母总是在催自己，而且父母已经跟女孩的父母说过这事了。有一丝高兴的是女孩的父母并没有说什么。他猜想，既然对方没有拒绝，就总该多少有戏吧。

经过一番心理折磨，吃过早饭（正月这段时间的早饭都比较晚，有时在9点左右），杨某甲在父亲和媒人的陪同下，一步一步来到女孩的家里。其实这段路程并不算远，只有不到三十分钟的步行路程，可是杨某甲觉得走了很久很久。杨某甲的脑中在飞快地做着各种假设：要是没成呢，自己以后在本地就更不好找媳妇了；要是成了呢，自己就这么糊里糊涂地踏进了婚姻家庭，要和一个之前并不熟悉的女人在一起生活。就这样，一行人在媒人的带领下来到了女孩的家里。媒人是杨某甲的父亲请来的，他是该村的党支部书记。书记平时也有这个爱好，有人请更是乐此不疲：被人请作媒人，表示大家对他的认可，这是有面子的事情，媒人不是随便什么人都能做成的。其实女方也乐意由村党支部书记来说媒，这既是一件有面子的事情，又可对女孩未来的婚姻起到一定的保障作用。因为大家是一个村子的，由村党支部书记做媒，村党支部书记其实承担着这对潜在夫妻的婚姻担保（笔者后来也一直在想：这些年村里青少年多数都外出打工了，为什么到了春节说媒的这么多，而且同村结婚的现象越来越明显了？这是不是可以做出一定解释：社会转型的不适应、农村青年流动支持机制的不完善以及村庄生活方式的凝固化）。

到女方家里后，事情进展得比较顺利。媒人告诉杨某甲的父亲，女方没有多大意见，回去准备准备吧。杨某甲的父亲心领神会，急忙感谢媒人，然后和女孩的父母道别。这一过程中，女孩始终是没有出现的。

杨某甲的父亲不敢怠慢，赶紧和杨某甲回家商量事情去了。不知道是现在人办事比较快呢，还是媒人说了女方要快，还是男孩女孩都没有多少时间在家，马上就要出去打工了，还是大家觉得既然定下来了就要快嘛，免得中途出现什么事情。总之，这桩婚姻实在是太快了，至少在笔者看来，不能再快了。

杨某甲家里很快就把礼金凑齐了，于是杨某甲的父亲拿着礼金随媒人第二次来到女方家里。在女孩家里吃完中饭，杨某甲及其父亲一行就回去了，“定亲”就算完成了。可是，杨某甲还是没有见到女孩，只能凭借媒人的比画和自己儿时的印象，觉得女孩应该不错吧。

第二天一早，女孩的爷爷、父亲、叔叔等女方男性直系亲属来到男方家里“看亲”。说是看亲，其实大家乡里乡亲的，又住得这么近，对彼此的情况都比较了解，看亲只是一种形式，把传统的规矩补上。因为规矩上是有礼物钱财往来的，形式可以简化，但礼钱不能简化。男方从早上开始准备，要把准亲家招待好，这是女方第一次以准亲家的身份到来，千万不能马虎。于是，男方的直系亲属和长辈都被叫来一起热闹，这叫“陪亲”。

陪亲的上午，主要是吃茶点、打牌、聊天，以了解双方家庭情况。双方交流的人基本都是男性。男方这边的女性都在准备饮食，而女方这边的女性不到场。这样，双方男性边吃边喝边聊到中午时分。在这期间，双方父亲在媒人的见证下交换男孩和女孩的生辰八字，名曰“合八字”，这是用来选定未来吉利婚期的依据之一。同时，女方的其他成员主要是打探男方的各种情况，为女孩的父亲参谋。这个时候如果发现情况，把礼金交还男方就可以终止联姻，但出现这种情形的可能性不大，因为此时男方都在做着最好的招待。于是，大家就等着热热闹闹地吃中饭，一派和气景象。

吃完饭，女方成员小憩片刻就会启程回去。男方要放礼炮相送，并给女方在场的所有成员每人一个红包。红包的多少按当地习俗，约定俗成，男方照办就成。另外，要给女孩和女孩的母亲捎带红包。然而，此时男孩女孩还是没有见过彼此，但家庭与家庭之间（或者说家族与家族之间）达成了某种约定。这意味着这时的女孩已经算是男孩的人了，男孩是女孩的丈夫了，他们可以在一起生活了。至于他们是否达到法定年龄，是否在民政部门登记过，都无关紧要。关键在于婚礼这个仪式一定要举行，最好能够办得体面一点。仪式一举行，男女双方及其他村民就会认可他们是一对新夫妻。热闹的仪式要胜于无声的结婚证。这种乡村婚姻一般比较稳定，要解除这桩婚姻，涉及的就不仅是男孩女孩两个人的事情了。

费孝通先生曾说："乡土社会，结婚不是个人的私事。"弄得不好，平添男女双方两个家庭之间的矛盾，甚至成为两个家族的矛盾。同在一个村庄，低头不见抬头见，这是近年来"同村婚"最大的忌讳，也是"同村婚"稳定的保障。

第三天，男孩开始和男方成员去女方家里，办理"认亲"。媒人也去，主要起主持的作用。这个时候，杨某甲和女孩可以相互交流了。也许之前的两天他们都寝食不安，都在想象着未来的她（他）吧。初次见面，难免尴尬，而且还是以准夫妻这么亲密的名义见面。可是实际上并没有想象中的尴尬，好像双方都明白，也许这就是结局，虽然没有谈过恋爱，但感情婚后可以慢慢培养，一会也就适应过来了，有说有笑的。就这样时间一分钟一分钟地过去，迎来了中午。这时，女方要招待男方吃午饭。事实上也如此，自男方来时，女方女性亲属就在张罗着中饭。照例是一顿酒足饭饱，一片和和气气。吃过午饭，男方女方闲谈了一会儿，主要是了解一下男孩女孩的情况，并初步探讨一下婚礼该怎么办。大约下午 3 点，男方告辞回家。此时，男女双方的联姻已指日可待，只等吉时成婚了。男孩女孩已经有了心理认同，不管是主观上的还是客观上的。

第四天，双方家庭之间没有什么活动，但是男孩女孩可以约会了。杨某甲可以去找女孩玩或者相约一起去哪里玩，他们已经是被承认的一对新夫妻了。他们不得不抓紧时间，因为初九他们就要去各自打工的城市上班，可能要到过年的时候才会相见。这对于已经被看作夫妻的男孩女孩来说都是一种心理折磨。

接下来的几天，杨某甲和女孩都尽可能地在一起聊天、散步。各自父母和其他人都不会反对，反而是持积极态度。

第六天，他们一起到附近的寺庙游玩。庙在当地一座高山上，去那里有一段山路，这样男孩女孩就可以独处一段很长的时间，而且没有其他人的干扰。

转眼，初九如期而至。这一天男孩要出去打工了。令笔者没想到的是，这次，女孩不是去自己以前工作的地方，而是和杨某甲同行。这是什么时候决定的，昨天还是刚刚？谁做的决定，男孩还是女孩，还是一方或双方的父母？这些都不重要了，重要的是男孩和女孩在上午搭乘同一辆客车去男孩打工的城市了，于是在我国大地上新添了一对“小两口”。

第二年[①]春节的时候，杨某甲和女孩举行了婚礼，并于次年[②]生下一小孩。然后，女孩回老家休息、带小孩，杨某甲依旧到外面打工。这种农村青年的闪婚，既是他们在新形势下对婚姻爱情的适应，更是社会转型下的无奈之举。

① 指2007年。

② 指2008年。

农村大家庭的和谐建设

“中国梦”是每一个中国人的梦想，包括每一个农村人对美好生活的向往和农村社会的和谐发展。但在社会急剧变迁、农村家庭结构转型、农村贫困及人口老龄化等背景下，传统的农村家庭模式面临着转型困境。观察发现，曾经的长幼孝悌、和睦共处、邻里互助不知何时已弱化，甚至正走向消失的边缘。当前听到的更多是不和谐的争闹之音，更多的是兄弟间、父子间的悲情之音。五千多年来，我国一直是一个推崇“和”“合”的文明国家。如今更是把和谐的理念远播海外，传扬中华优秀文化，让世界来分享这一人类天赋。然而，事实上的“不和”似乎并不遥远，曹植的“煮豆燃豆萁，豆在釜中泣；本是同根生，相煎何太急”更是把兄弟间的“不和”描绘得淋漓尽致。

一、农村大家庭“不和”的机理分析

长期以来，农业社会的低下生产力使得人们在与自然的交涉中，不得不结成群体，共同面对，共享成果，互相保障。于是家庭、家族的观念深入人心，大家庭形式十分盛行。家庭或家族是一个人生命的源头，也是他生命的尽头，更是他生命的保障，一辈子围绕其中。但是纵观古今，我们发现，家庭（尤其是大家庭）中的“不和”与纠纷是众多坊间矛盾之一，纷繁复杂，千奇百怪。农村兄弟间的“不和”比比皆是。这是为什么呢？我想，近距离造成的利益瓜葛、互动的失衡以及互为参照群体是其关键原因。

要是有人问：你和谁的关系最坏（矛盾多，吵得厉害）？如果你是已婚人士，答案也许是家里那位（妻子或丈夫）。和谁从来没闹过矛盾呢？答道：送牛奶的阿姨。可是家里那位是你当初中意并选择与他（她）一起生活的啊，而且在日常生活中，他（她）也是给你关爱最多的人。原因就在这里，你和家里那位日日夜夜在一起，就算关系再融洽，也难免会因这事那事而产生矛盾，磕磕绊绊，难免偶有不和。小别胜新婚，也正是这个道理反过来用的效果。而你和送牛奶的阿姨之间的交流也许就是牛奶的“递”“收”两个最简单的动作，最多外加一些礼节式的微笑和语言，这种互动不紧不慢，关系自然呈现出祥和之气。

农村（自然村）是一种熟人社会，兄弟之间所固有的血缘又增添了彼此的信任和了解。同时，农村特有的生产生活和居住方式让兄弟之间的接触较多，联系自然而然更多。比如，共同的父母、农业生产上的合作、生活上的扶持，甚至同在一个屋檐下居住等。这些都是非常模糊的，没有明晰的界限，一旦处理不当，就会随日积月累而间隙愈大。“婆媳矛盾”和“媳媳矛盾”是大家庭矛盾的集中点和导火索，同时这两者互相推动恶化。有时就不仅是“婆媳”“媳媳”矛盾，甚至衍化出“兄弟”“父子”矛盾，继而导致兄弟彼此之间两个小家庭的不和。

费孝通先生在其文章《男女之间》中写道：“农业社会中，尤其是像我们这种老大的农业国中，机会稀少，大家在极低的生活程度上过日子，向有限的资源竞争，别人的得益常常就是自己的损失，妒忌成了基本的精神。幸灾乐祸，不愿成人之美就是这样成了传统。这种人可以怜惜别人的苦难，其实不是同情而是一种自觉安全的慰藉。只有在别人的成功会增加自己的机会的社会中，人才能为别人的高兴而高兴。”[①] 这话也许为我们讲明了其中的一些缘由。

在农村，兄弟之间容易出现不和，笔者分析了一下，大致有以下原因。

（1）老父老母仍在。这时又分为几种情况：①弱势的父母，推诿的“皮球”。这不仅是生理性弱势，更是财产、声望上的社会性弱势。由于没有足够的物质保障以及身体机能的下降，此时老父老母处境堪忧，老年父母的赡养问题成了妯娌兄弟间矛盾的借口，彼此都不想尽力照顾，互相推卸责任。②强势的父母，暗斗的漩涡。如果老年父母积累了一定的财产，并不是弱势，能够自我照顾，那么老年父母的财产继承就成了争斗的对象、矛盾的起源。妯娌兄弟间都想尽可能多地从老年父母那里得到好处，分到更多的财产。

（2）兄弟间居处相近。兄弟之间如果居住过近，甚至是在同一个屋檐下，那么，不仅矛盾容易明朗化，而且兄弟间比较起来也更为直接方便。兄弟间由于存在先天的血缘共同性，如果此时再具有地缘共同性，那么比较的可能性就大大地提高了。兄弟间互为参照，很容易出现“不患寡，而患不均”，对兄长或弟弟的猜疑、嫉妒、排斥就会十分强烈。

（3）兄弟间的均势。兄弟间如果一强一弱，相处起来会简单

① 费孝通．费孝通人生漫笔［M］．北京：同心出版社，2001.

得多，一方的压服与另一方的妥协（直接或间接）都会让彼此间相安无事，而且还会相辅相成，维护同宗之情。相对优越的一方更可能帮助弱小的一方而不太去计较，相对弱小的一方也不太可能去挑战相对强势一方的地位，从而形成一种不均衡的平衡。但是，如果彼此间除了源于血缘的生物性同质外，还有社会性的同质，比如财产、声望、权威等，这时就不是相安无事了，而可能是或明或暗地互相较劲。相比其他人，兄弟间更像是“一山不容二虎”。彼此的不服、互为参照，交流多瓜葛多，这个大家庭就像装上了不定时的炸弹，这个炸弹迟早会爆炸，更可怕的是不知道什么时候炸，闹得人心惶惶。

二、农村大家庭“不和”的消解与“和”的构建

那么，大家庭中兄弟之间的这种“不和”要怎样才能消除呢？办法是“解铃还得系铃人”，怎么来的就怎么解决。

（1）逐步形成现代的社会养老模式以替代传统的家庭养老模式。传统社会之所以形成家庭养老的模式，主要缘于：生产力低下，需要形成大家庭以合作；知识和技能的获得在于阅历和经验，老人的年长具有权威的可能性；老人支配着家庭的资源；国家对年长权威的倡导和社会的推崇。然而这种模式在当前国情改变、社会转型的情形下，已越来越没有生存的空间了，反而日益显现出其弊端。采用国家责任型、农民互济性的积累式的社会养老模式逐步替代现在的家庭养老主导模式，时空上的互补式自养是必然的，也是未来的发展走向。解决了老人的养老问题，也即解决了父子之间、兄弟之间最大的不和隐患，更重要的是给予了农村

老人在潜在的“不和”可能性下的生活保障。这也是老人在家庭中的中心地位下降后无法有效制约家庭的情况下的积极调适。

（2）以德服人与依法治国同行，构建良好的社会运行机制。兄弟间的“不和”更多的是由于利益上的冲突造成的，当然也有因素质过低导致的。这个时候我们既要寄希望于高素质的村民，希望他们在“中国梦”的引领下自觉地拥有较好的道德修养，也希望有更好的农村社会运行机制，让法律更好地深入农村并为农村服务。法律是道德的底线，我们可以通过法律来威慑人们、教育人们，形成更好的民风村貌，以使村民的行为更加的合理、合情、合法，使村民能够自觉地有理、有力、有节地来处理彼此间的“不和”，而不至于得不到解决或得到解决但留下较大的过节。

（3）增强社会流动，开阔人们的视野，学会现代礼仪，形成和谐的人文环境及现代人格。国民教育是一件很重要的事情，从小开始接受教育更是重中之重。当前，农村是我国教育较为落后的地区，特别是从自然经济向市场经济转型的时候，农民往往会出现不适应之感，因此要加大对农村教育的关注与投入。提高村民的文化素养不仅可以增强其文化自觉性，而且可以增强其社会流动性。让村民不再局限于肤浅的理解和狭隘的视野，放眼村外，放眼未来，学会用现代人的行为标准来规范自己的言行，维护自己的正当利益，也积极履行相应的义务。

农村大家庭中兄弟之间的“不和”处理好了，有利于对其老父老母的赡养，也可增进兄弟间的良性互动，推动生产与生活上的合作；同时，也有助于农村社会的和谐，促进农村社会的稳定与发展。从根源上消除兄弟间的“不和”影响，增加其良性互动，也是我们建设美丽乡村和实现“中国梦”的题中应有之义。

第二篇

老年保障

“五句话”话农村老年生活现状及其保障

很多在农村出生在城市长大的人都难免感觉家乡正在渐行渐远，家乡日益成为一种脑海中的想象。每每想起家乡，那里有那么多的美好，留下了儿时的记忆，同时对家乡也有着种种担心，特别是这些年随着市场经济的推进，青年男女外出务工经商，农村基本都成了“空心村”“留守村”。村里面很容易看到老人、小孩，但很难看到充满活力的青少年，整个村庄缺乏应有的生机盎然。看到这些老人，笔者不禁想起自己多年前在世的奶奶以及她的老年生活。奶奶是一个地地道道的农民，一辈子勤劳、善良，相信日子会一天天过得好起来。像奶奶这样的老年人，他们的人生就像“土”一样，没有激情，很平实；没有享受，很朴实。他们离不开土，永远要将土踩在脚下；离不开地，半截身子栽在田地里。作为农民，一辈子与土地打交道倒也平常。对于他们来讲，最大的变化在于改革开放以来，市场经济对农村的强烈冲击，以至于让他们不可能像自己祖辈那样过着曾经想象着的老年生活。下面我们就来分析一下我国中部地区农村老人的生活现状。

一、农村老年人的生活现状

人生弹指间，岁月匆匆过，眨眼就年过半百。面对年老，几乎每个人都在思考如何安度自己的晚年。但有一种人，他们是不需要思考的，这就是生活在农村（尤其是边远乡村）的广大老年人群体。年迈的他们所要做的就是沿着以前的老路继续走下去，直到生命的尽头。农村老人的生活现状可以用“五句话”来概括。

第一，“脸朝黄土背朝天，活到老干到老”。这一代的农村老人，他们从出生的那天起，就注定了一辈子要在地里耕着、种着；现在老了，依然在地里摸爬着。其中缘由，一是习惯了，离不开土；二是离开土就没法活了，得在地里“刨食”。只要还能动，农村老人的生活就得全靠自己打理。在村里，没有老年退休的说法。

第二，“多养不如少养，养儿不如养女，养女不如养猪，养猪不如养己”。“多养不如少养”是村里的普遍现象。在老年人自身状态差不多的情况下，一个儿子的比多个儿子的好过活，仅有的一个儿子会因为无法“踢皮球”而更好地承担起自身肩负着的养老责任。在“养儿防老”传统的影响下，农村的养老责任通常由儿子承担。然而随着时代的变迁，人们的观念也在发生着变化。老年人对女儿的态度出现了从“儿子好过丫头”到“养儿不如养女”的转变。现实生活中，随着老年人的进一步老去，女儿与父辈的情感亦更亲近。尤其是在生有数个儿子但每个都生活一般，或者每个儿子生活都好但却没有一个强势且孝顺的儿子时，老年人的生活会更多地倾向于女儿，从女儿那里得到更为细心、周到的照顾。但由于女儿大了都要出嫁，老年人仍然需要经济上的自立。饲养猪、牛、羊等就成为老年人换取经济收入的主要途径，此谓“养女不如养猪”。“养猪不如养己”说的是老人自身知识、能力和素质的提高，这种提高关系老年人年老时的生活水平和质量。人在年轻的时候多多投资于自己的教育，多多提高自身的能力，是非常重要的。年轻的时候能力的提升通常会带来收入的提高，并可能存下更多的积蓄。近年来，老年人经济能力的增强和对子女养老现状的不满，使得农村养老问题呈现出一种向自我养老转变的趋势。

第三，“小病找死，大病等死；治，人亡家也破；不治，人亡家不破”。由于长年过度劳累、缺乏劳动保护、生活水平低下和身体机能下降等原因，农村人到50岁左右都会累下不少伤病，60岁以后病痛就更多了。对于没有医疗保障和储蓄的农村老年人来说，医药费极大地超过了他们的支付能力。他们能忍就忍，不到万不得已的时候不会去看病。即使看病，通常也是在村里的医务所那里拿一些药丸，打上几针而已。这种治疗虽然有时能见效，但由于没有全面的护理和保养，是很不彻底的。遇上大病，治不治，取决于儿子的能力、态度和老年人的意愿。治，花费高昂，也不一定治得好，并且在当前农村，年轻人也没有多少财产、治，只能去借债，也许老人病还没治好就已过世，留下一堆债务。同时，老年人遇到这种情况一般都会要求子女不给自己治，而是在煎熬中慢慢等死。但若不治，老人就只有慢慢熬，家虽在，但看着亲爹亲妈在痛苦中死去肯定不好受，会给子代留下残忍的心理痛楚。

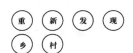

第四，“婆媳婆媳，战火不熄”。婆媳之间的矛盾似乎是村里的主要矛盾之一，永远都难以消除。这一矛盾取决于三个方面。其一，婆媳双方的涵养或能力较量。如果婆媳双方都有一定的素养，互相之间多一些宽容，显得大度一点，相处起来就好说；否则，双方之战必不可少。这时，彼此实力的对比就成为关键，一强一弱好说，怕的是婆媳实力相当、互不相让。其二，儿子的能力和涵养。儿子如有良好的经济基础和较强的处理婆媳矛盾的能力，这一家子也会比较安宁。但这样两全的儿子在村里是不多见的。[①] 其三，数个儿子的话，至少有一个有孝心而且很强势的儿子，否则的话，就是星星之火。

第五，“有时间就打电话回来吧”。改革开放和市场经济体制的建立，加速了城乡二元化的进程，城乡差距越来越大，农村人口的流动也越来越快，呈现出农村向城市单向的人口流动。村里绝大多数的青壮劳动力都外出打工了，留下的只是老人和小孩，整个村庄可以说是“空心村”或“留守村”。留守老人缺乏生活照料和情感扶持，他们在克服自身生理机能下降和疾病困扰的同时，还要照顾留下来的孙儿孙女，耕种全家的土地，负担大大加重。面对外出务工的子女，农村老年群体的弱势地位进一步显现出来。记得笔者奶奶常说的一句话是“有时间就打电话回家吧”。

---

① 不过据笔者2014年最近一次回乡发现，由于现在年轻人都在外面工作，家中只有老年人，青年人一般只是过年的时候回去，在春节这么短暂的几天中，婆媳之间的相处还是比较好的。一来，常年不见，心理上都希望能够和睦相处。二来，春节回家过年儿媳一般都会给老人置办一些礼物，从到家的那一天起，婆婆总体上是高兴的。三来，因为是春节，整个氛围是喜庆的，大家都不希望在这种节日里去破坏这种喜庆的氛围。四来，不用几天，年轻人又走了，老年人根本没多少时间跟年轻人在一起说上一些话，做比较全面的交流。

但是，“家”究竟在哪里呢？这是农村老年人的问题，也是不少外出务工的农村青年的问题。

二、当前农村养老问题上面对的挑战

上述五句话形象地概括了当下农村老年人的生活现状，揭示了当前农村老年人在基本生活保障、家庭保障、医疗保障、家庭内部关系和心理情感上面对的五大难题。

具体来说，第一句话“脸朝黄土背朝天，活到老干到老”揭示的是农村老年人缺乏基本的生活保障的问题。不劳动即无收入。为自身生计考虑，也为减少子代负担着想，老人们只有终身操劳，自食其力。第二句话“多养不如少养，养儿不如养女，养女不如养猪，养猪不如养己”描述的是传统家庭养老功能弱化，子女之间赡养责任分配不均的问题。老人们不得不克服困难，通过自我努力，提高保障水平。第三句话“小病找死，大病等死：治，人亡家也破；不治，人亡家不破”呈现的是疾病对农村老人自身及其家庭的影响问题。由于农村老人严重缺乏疾病方面的医疗保障，“因病致贫，因病返贫”的现象十分普遍，常常是“一人病倒，全家趴下”，凸显出当前农村家庭医疗责任的脆弱性。第四句话“婆媳婆媳，战火不熄”反映的是农村老人的生活质量长期受困于婆媳之间的关系。儿媳的态度很大程度上影响了身为儿子的丈夫对待老人的方式。这种态度从婆媳之间扩展到家庭成员之间，导致兄弟姊妹关系恶化、家庭不和，不仅加重了老人的挫败感，又进一步降低了家庭保障的质量。第五句话“有时间就打电话回来吧”折射的是农村留守老人心理问题突出，心理健康堪忧。一方面，儿行千里母担忧，老人对子女的思念和担忧加重了其心里的不安；另一方面，老人的生活和饮食起居缺乏子女的关心和照料，时时事事都得靠自己解决，心里有耐不住的寂寞和酸楚。

与此同时，随着我国经济社会结构的变迁，传统的农村家庭养老方式实质上亦变得难以为继了。

(1) 家庭规模缩小、家庭功能弱化。子女独生化、家庭小型化、就业非农化和居住分散化导致子女对老年父母的照料产生了许多实际困难，使得家庭的养老功能逐渐弱化。居住方式的代际分离同时意味着老年人除了从子辈处获得经济供养之外，难以得到较好的生活照料和精神扶持。

(2) 人口流动加快、代际倾斜严重。涌进城里的大量农村务工青年，迫于生活压力，无暇顾及生活在农村的年迈父母。同时，由于重视子女的教育和成长问题，青年夫妇有限的时间、精力和财力都向子女倾斜，产生了"重幼轻老现象"。

(3) 人均寿命延长、自理能力下降。随着社会整体生活水平的提高，农村老人的平均寿命得到提高。寿命的延长必然导致其自理能力的下降，这两者之间存在天然的矛盾。

(4) 储蓄能力有限、社会养老不足。农业生产效率的低下和农产品有限的附加值，使得农村居民的可支配收入极低。绝大多数农民在年轻的时候很难为自己的老年生活做出较好的安排和储备，除自我保障意识弱外，收入低是主要原因。同时，由于国家推行的养老保险、医疗保险覆盖面太小，加之农民社会化程度低、不了解保险政策、保障水平过低导致积极性不高等因素，同样使得农村老人的保障一直处于较低水平。

现实的各种因素使传统的家庭养老模式在农村面临着实实在在的危机。随着家庭人口外流，子女在外地学习或务工，一家两三代人只好分居两地或多地。长期的异地分处，使得子女对年老父母的照料和慰藉十分有限。同时，由于经济市场化背景下“孝”文化的衰落和老人自身弱小的经济能力，使农村老人的养老质量进一步下降。

中国特色的“三三制”农村养老模式研究

——基于赣村农村老年人生活状况的调查

据国家统计局《2014年国民经济和社会发展统计公报》显示，“2014年我国13.67亿人口中，60岁及以上的老人2.12亿人，占总人口比例为15.5%；65岁及以上人口数为1.37亿人，占比10.1%”。按照国际上通常的看法①，我国已经进入老龄化社会，且处于老龄化逐步加深的阶段②。另据世界卫生组织预测，到2050年，中国将有35%的人口超过60岁，成为世界上老龄化最严重的国家。在清华大学就业与社会保障研究中心主任杨燕绥看来，中国的老龄化拥有两个世界第一：一是老龄人口数量世界第一；二是老龄化速度世界第一。的确，世界上还没有任何一个国家人口老龄化像中国这么迅速③。足见，我国人口老龄化形势十分严峻。加之城镇化与人口流动的加速，农村出现大量“留守村”“空心

---

① 国际上关于老龄化社会的通常看法是，当一个国家或地区60岁以上老年人口占人口总数的10%，或65岁以上老年人口占人口总数的7%，就意味着这个国家或地区的人口处于老龄化社会。

② 中国65岁以上人口占总人口比重1982年为4.9%，1990年为5.6%，2000年为7.1%，2010年为8.9%，2014年为10.1%。

③ 中国成世界上老龄化最严重的国家［EB/OL］．环球网．(2015-09-24)［2015-12-01］．http：//tech. huanqiu. com/news/2015-09/7559156. html.

村”，农村的隐性老龄化更趋严重。据《我国农村老龄问题研究》课题组的研究结果显示，2011年时我国“农村老年人口规模是城市的1.69倍，城市老年人口比重为7.97%，而农村老年人口比重已超过18.3%”[①]。

农民富则国富，农村稳则社会稳。面对如此巨大的农村老年群体，政府和社会都应早做准备。在一个传统的农业社会，“老有所养”主要通过家庭实现。伴随市场经济的深入、社会结构和家庭结构的变迁，农村老年人的生活保障将难以通过家庭来实现。很多农民的晚年生活并不乐观。[②] 2010年春节，笔者走访江西某农村，发现这里的家庭养老面临困境。对子女的极限抚养和家庭财产的“诸子均分”决定了养老是儿子的责任和义务，老年人以放弃自己对财产的权利来换取儿子的孝顺，家庭养老正在面临着极大的困境。所幸的是，国家已经开始了这方面的实践——新型农村社会养老保险。但据人力资源和社会保障部的统计，2011年第一季度，新型农村养老保险试点参保人数共计1.74亿人，达到领取养老金待遇的有5 003万人。[③] 而据第6次全国人口普查数据估算，农村地区60岁以上老年人口为1.23亿人。[④] 可见，即使是目前较低水平的新农保，其覆盖面仍然很窄。鉴于此，笔者在调研的基础上认为，在农村家庭养老演化的同时，以外力的介入来构建一种“三保障多结合的国家责任型农民互济性积累式的逐步社会养老”的制度新模式是十分必要的。

---

① 陈昱阳．应对农村人口老龄化——积极构建城乡统筹的社会保障体系［N］．人民日报，2011-04-29.

② 魏霞．农村养老方式的变迁：以内蒙古W村为例［D］．北京：中央民族大学，2007.

③ 叶紫．中国面对“未富先老”挑战［N］．人民日报（海外版），2011-05-19.

④ 乐章．风险与保障：基于农村养老问题的一个实证分析［J］．农业经济问题，2005（9）：68—73.

一、数据来源与处理方法

本次调研的对象是江西某农村（以下简称“赣村”）的老年人。该村 8 个村民小组约有 120 户人家，600 多人，男性多于女性。以父母年纪计，年纪在 40～60 岁的家庭一般育有 2～4 个子女，年纪在 60 岁以上的约有 5 个子女，但年纪在 22～35 岁的以独生子女为多。全村 110 位老年人，70 岁以上者 48 人，48 人中女性为 29 人，多为文盲或半文盲。老年人口占村庄总人口的 18.33%，与《我国农村老龄问题研究》课题组指出的农村老年人口比重已超过 18.3%的数据吻合，属于高老龄化阶段。村中青壮年大多常年在外求学深造或务工经商，留守人员多为中老年人和小孩。由于地处偏远山区，仍然保留着较为传统的农耕方式。但劳务经济和计划生育政策正在解体着这个村庄的原生态农耕模式。

此次研究采用定性研究和定量研究相结合的办法。首先，以问卷的形式访谈该村的 110 位老年人，由笔者询问并按其回答填写。问卷中包含的基本变量有年龄、性别、职业、家庭结构、经济水平及来源方式。其次，深度访谈该村的典型个案。典型个案基于三类人群：“五保户”、生活相对优裕的老人和生活凄凉的老人。最后，对收集到的资料进行定量分析和比较分析。定量分析主要是对收集到的资料进行清理、编码与录入，然后利用 SPSS 做统计分析。比较分析主要是针对“五保户”与一般农户、老年人与非老年人。

二、赣村老人生活现状及其困境

(1) 徘徊于低水平生活中的忧与喜。总体而言，在家庭经济地位、家庭决策地位和村庄的活动能力等方面，老年人大多处于弱势地位。当老年人遇到生活中的困难时，解决的渠道相当有限。但在徘徊于低水平的老年生活中也已出现了相对宽裕与相对落魄的分化，如以下对老年人当前生活自我感受的访谈摘录。

对象5：我现在生活越来越困难，老啦，走走路都气喘，唉，想当年我挑个上百斤还能走上几十里山路。更糟糕的是，我那几个儿子都没出息，还整天闹矛盾，家里长家里短的，也说不清楚。

对象11：唉，别说了，我都快被那4个儿子给气死了。你说啊，我自个要种地种菜，他们几个还尽把孙子孙女往我这儿送，带得好还好说，带得不好就难说了。

对象26：我以前结过婚，一年后她生病走了，也没生小孩，到现在也就一个人过的，趁现在还能动，多挣些钱，自个儿“养自个儿”。作为“五保户”，有些补助，平时也不常在家，到村里其他人家做短工，这日子也就这样。

对象3：没，什么都没有，现在主要靠儿女接济，自己以前积了些钱，现在种点口粮。……我们村好像有几个人有些补助，一些是“五保户”，都没子女的；一种是老干部，现在回乡闲着；另一种是儿子当兵，现在有些抚恤什么的。

对象15：自己的事情还得靠自己，现在这年头，谁都靠不住。“养儿防老”恐怕也是一厢情愿了。前不久，我们村还有一个酒鬼不但不养老，还把老父亲辛苦养的几头牛给卖了。

对象25：我以前在外面一个工厂做事，现在还乡养老，生活上还可以，那些养老金在这里是足够的，平时种点菜、买点肉补充一下，挺实在的，在家没什么去处，就常常到村中的小店和村委会逛逛，和他们都挺熟的。

以上，可看出低水平条件下的老年生活喜忧参半，光靠儿女养老已难以为继，需要发展老人自我养老与社会养老。

（2）子女量与质比较中的愁与乐。在老年人自理能力下降时，客观上不得不依赖子女。而这时老年生活的好坏就更取决于子女的质量而非数量。参见以下两个案例的比较。

案例一：十分愁苦的老李及其老伴。老李比其妻子小2岁。几年前老李不幸得了大病，现已瘫痪在床。其妻还能自理，但视力和听力欠佳。要照顾瘫痪在床的老伴，生活难度更大。老人育有4男3女，其中2个儿子常年在外。可他们互相推诿，无人乐于照顾父母。一个亲戚看不下去，提出要把他们叫到一起商量一下，可也只是说说而已。这样的事情，亲戚即使想管也多半是有心无力。老人的3个女儿都嫁在附近村镇。大女儿和小女儿的丈夫都是地道的农民，生活相对困难。二女儿嫁给了邻村的“赤脚医生”，除了看病，也贩卖药材，家境相对宽裕。其实，以该村目前的生活水平，老人不患病还是可以的。然而，疾病使他们痛苦不堪。无法得到照料的老李只好整天躺在床上，连翻身都困难。每次家里来客，老两口总会流泪诉苦，痛骂4个不孝子。

案例二：相对幸福的老余及其老伴。老余患高血压、哮喘和冠心病，常年靠药物维持，刚刚去世。其妻年满68岁，患有轻微的心脏病。老余育有2儿1女，大儿子是教师，小儿子在深圳有一份不错的工作，家庭条件在村庄中是比较优越的。儿女都很孝顺，经常向家里寄钱或回家探望父母。老余的老伴脾性好，悉心照料他多年，他一直是白白胖胖的，直到去世。其儿女对父亲的去世感到自责，对母亲更加孝顺。儿女们经常给母亲送水果、蔬菜和猪肉。春节后，老余的妻子跟小儿子到深圳生活去了。

通过对这两个案例的比较，可以发现老年人的生活状况与其子女的品质和经济能力具有极大的关联。按照老乡的说法，老余的儿子是有能耐的“文化人”，是“明事理、知廉耻”的，很注意在村庄的形象。但老人们也谈到村里像这样“有能耐而又知廉耻”的人并不多，更有甚者把老父亲辛苦饲养用以养老的几只牛强行卖掉，也曾有一儿媳对其公婆和外人说：“我老公不孝顺，源于他是个文盲，而这怪他老父母没让他上学。”而在村中，这个岁数的人大多是文盲。此外，子女的数量会严重影响老年人的生活状况。一般而言，独生子女对父母的照顾会因为责无旁贷而更好一些。对村里的统计表明，所记录的13户独子家庭中，有11户是已婚独子与父母共同居住；而在49户3个以上子女家庭中，37户是父母与已婚的儿子分开居住。多子家庭中很容易因为利益牵扯和责任分担形成矛盾，造成子女越多养老越无保障。因而，儿女的质量比单纯性的子女数量更为重要。“多子多福”可能会变成“多子多祸”，养儿防老难以为继。在家庭结构变迁、老年人口增加及养老成本加大的今天，这是一个很现实的问题。

(3) 体弱多病不能自理的苦与痛。身体是革命的本钱，而这个最大的本钱对于该村的老年人来讲只能听天由命。那些自己患病、老伴去世、子女互相推脱养老义务的老人，既难以从子女那里获得照料，也难以从家庭外获得资助，生活十分艰辛，并且因长年劳作和身体机能下降，体弱者极其普遍，而治疗却难以跟上。据村中医生统计，该村村民60岁后，关节炎、风湿痛等发病率在90％以上，就医率不足57％，治愈率不到8.5％。而这里的治疗常常只认作是在乡村医生那里的简单治疗，很少有老年人到县级以上医院治疗。体弱多病是老人最担心但又难以避免之事。患上大病，大多在乡医院治疗，无果后就回村“等死”。

三、影响农村老人生活质量的主要因素

以上描述反映出赣村老年人的总体生活并不如意。这既是老年人自身资本积累不足所致，更是社会变迁下制度保障乏力的结果。从文化知识、社会地位、自身素质等方面来看，该村老年人都是一个沉默的弱势群体，几乎处在一个被整体遗忘的角落。

（一）老人自身职业和子女状况影响农村老人生活质量

(1) 老人自身职业和经济收入与其晚年生活保障的延续性关系。人力资本理论认为，人力资本的高低是人获得资源的直接因素，人力资本越高就越能获得有利的地位。[①] 从表2-1可以看出，

① 傅颀．重解资本收益——人力资本视角下的资本收益研究［M］．上海：复旦大学出版社，2008.

农村老人目前的生活状况与其以前的职业和经济收入之间存在显著的正相关。老人以前职业为村干部和非农职业的，其目前生活状况较好的分别占到47％和51％，而较差的相应只有17％和19％。比较发现，以前职业为农业的，其目前生活较好的低了十几个百分点，而生活较差的却高出十几个百分点，两者间反差很大。同样，老人以前的经济能力与其目前的生活状况存在类似的正相关。

表2-1　农村老人以前的职业和经济收入与其目前生活状况的相关统计

老人生活状况	老人以前的主要职业			老人以前的经济收入		
	村干部	非农业	农业	较高	一般	较低
较好/％	47	51	35	60	20	10
一般/％	36	30	30	30	50	20
较差/％	17	19	35	10	30	70
$G=7.258$　　$P>0.05$						

注：收入状况（较高、较低、一般）的划分，是以调查中老年人在村中经济状况的自我感觉和他人的感觉来定的。

（2）子女的素养和经济能力直接影响老人生活质量。在该村，成年子女是否主动以及在多大程度上赡养父母，主要依赖于子女的自觉性。而这与子女是否与父母同住、子女的住处与父母的住处距离的远近以及子女的综合能力有关。该村青壮年外出务工经商迫使老人留守，使老人难以有效获得生活照料。表2-2反映出儿女的养老意识越强，农村老人当前的生活状况相对越好，反之则越糟糕。

表 2-2 农村老人目前的生活状况与其子女的养老扶老的自觉意识关系

老人生活状况	子女的养老意识			
	较高	一般	较低	总计
还可以/人数	23	45	9	77
不行/人数	4	10	19	33
总计/人数	27	55	28	110

注：子女养老的自觉意识是由老人主观评定的，主要指标是老人眼中的儿女是否有良心。

而表 2-3 显示农村老人当前的生活状况是其子女经济水平的正反映。在乡土社会，养老是儿女的责任，但这只是习俗并没有形成过明确的制度，村庄中也没有专门的组织干涉此事。子女能否较好地承担养老责任，全凭其良心或村庄舆论压力。这时，子女的经济水平会直接决定其赡养父母的能力。子女只有在有余力时才能更好地去尊老扶老。笔者的访谈感受和前文的两个案例也证实了这一点。

表 2-3 农村老人目前的生活状况与其子女的经济情况关系

老人生活状况	子女的养老意识			
	较高	一般	较低	总计
较满意/人数	12	17	6	35
过得去/人数	10	25	9	44
不满意/人数	6	10	15	31
总计/人数	28	52	30	110

（二）社会和家庭结构的变迁影响农村老人生活质量

尊老敬老是中华民族的传统美德，孝道思想在中国有着长久的发展历史和深刻的社会影响。对老年人的赡养是以孝为核心在家庭内部得以实现。传统社会中，老者是智慧、权力和社会凝聚力的象征。传统“天下孝为先”的行为规范的隐性基础是传统家庭中老年人对家庭资源的占有与掌控。① 然而，市场经济下家庭结构的变迁使得农村老人逐渐成为家庭中的边缘人群。主干家庭减少与核心家庭增多使老人的家庭资源占有量以及权威急剧下降，对家庭的掌握和贡献日益减少，传统孝道根基动摇。老人难以便利地从其辛苦抚养了数十年的子女那里获得生活援助，而且多个儿女生活圈叠加时，可能会相互推诿，互踢“养老皮球”。从表2-4可以看出，农村老人子女越多更易生活不好。老人所剩的劳动力成为儿女争夺的对象，更成为子女间互不履行养老义务的托词：“他/她跟那个不是更好吗？经常帮他做事，也没看怎么样啊。”

表 2-4　农村老人目前的生活状况与其子女数之间的关系

老人生活状况	子女数					
	0人	1人	2人	3人	3人以上	总计
较好/人数	2	8	15	6	5	36
一般/人数	2	3	15	7	11	38
较差/人数	1	2	13	8	12	36
总计/人数	5	13	43	21	28	110

注：从调查中发现老人的养老主要由儿子负担，其中由小儿子担负的占多数。女儿一般有养老的义务但不具体履行。

---

① 姜向群、万红霞．人口老龄化对老年社会保障及社会服务提出的挑战［J］．市场与人口分析，2005，11（4）：67—71.

在该村所有的老年人中，能靠养老金或积蓄自我养老的仅有28人，其余的不同程度上依赖儿女养老。这种依赖是建立在老年人的付出或者说是互惠基础上的。但目前该村青壮年外出打工或迁居，乡土关系解体，养儿防老渐成空谈。

此外，近年来村民“离土又离乡”“进厂又进城”，忽视了对留守老人的照料，加剧了农村家庭的“空巢”化。调查发现，“独居”更易使老年人的生活陷于孤独无助（表 2-5）。随着年龄的增长，老年人不仅需要经济支援，更需要日常照顾。一旦农村青壮年离开村庄到外面寻求机会，留守老人（尤其是其中的高龄体弱者）的养老问题就会凸现出来。诸多因素迫使人们的自我养老与社会养老意识逐渐增强。在我国，农村老人在有劳动能力时基本上都是自我养老，可谓“活到老干到老”。但近 20 年的农村劳动力转移促使农村自我养老主体日益普遍化和明晰化。越来越多的老人自养家庭的出现、老少共居家庭中老人工作分工的变化以及老人再就业的增加就是农村自我养老在农村劳动力转移大潮下出现的新内容与新趋势。与此同时，宗族势力与家族观念的衰微直接导致族权弱化，削弱了宗族在农村社会中的作用，致使宗族团体及“熟人社会”的乡土机制难以调解农村的养老纠纷。

表 2-5　老人的居养方式与其目前的生活状况

老人生活状况	居养方式			
	独居	独子供养	小儿供养	轮流供养
较好/户数（占比）	2（25.00%）	10（76.93%）	30（50.85%）	8（26.67%）
一般/户数（占比）	3（37.50%）	1（7.69%）	19（32.20%）	12（40.00%）
较差/户数（占比）	3（37.50%）	2（15.38%）	10（16.95%）	10（33.33%）
总计/户数（占比）	8（100%）	13（100%）	59（100%）	30（100%）

注：在独子供养户中有 5 户的户主外出务工经商，小儿供养户中有 21 户的户主外出务工经商。

四、“三三制”新型农村养老模式的构建

当前我国南方山区农村总体经济落后，医疗卫生水平偏低，“人口老龄化”和“老人贫困化”现象普遍存在。面对基本生活、家庭保障、医疗保障、内部关系和心理情感上五大方面的问题，老人们显得无助和脆弱，老年妇女的情形则更糟。[①] 这些问题在赣村更是凸显出来，亟待解决。结合对以赣村为例的当前农村老人生活现状的分析，基于对当下我国农村保障现状的梳理，笔者认为，应当构建一个适合我国国情和农村实际的“三三制”多要素结合的逐步社会养老的新型农村养老模式。该模式的落脚点是实现普惠式的农村社会养老，立足点是“三保障”多要素的落实。以下将具体阐述这一构想。

（一）“三三制”农村养老新模式的主体

“三三制”农村养老新模式由三大主体九个层面构成，如图2-1所示。第一个“三”指该模式以建立农村最低生活保障制度、新型农村养老保险制度和新型农村合作医疗制度这三种制度为主要内容。这是新模式的内容主体，即内容要从低保、新农合、新农保这三个层次出发，建立起农村老年人生活保障的支撑点。第二个“三”指该模式集家庭保障、土地保障和社会保障于一体。这是新模式的形式主体，即在目前形势下，根据我国农村实际和国情实力，难以一步到位实现国家财政兜底的农村社会保障，只有

① 曾祥明，何慧，何芳．“五句话”话农村老年生活现状及其保障［J］．中国集体经济，2008（25）：191—192.

通过家庭、土地、社会这三种形式来协调实现。第三个“三”指该模式由农民、农村集体组织和国家三者共同承担责任。这是新模式的责任主体，即在当前国情下，农民自身、农民家庭与村集体、国家政府都要各自自觉地承担起养老的责任，只有明确三方的权责，才有利于措施的执行和落实。在过渡期，国家用相关立法来鼓励农民自身积累，倡导家庭内部进行代际互惠的“反哺式”养老。当然，国家更应积极行动，从制度上保障农民的国民待遇，为最终实现社会养老转型做好准备。

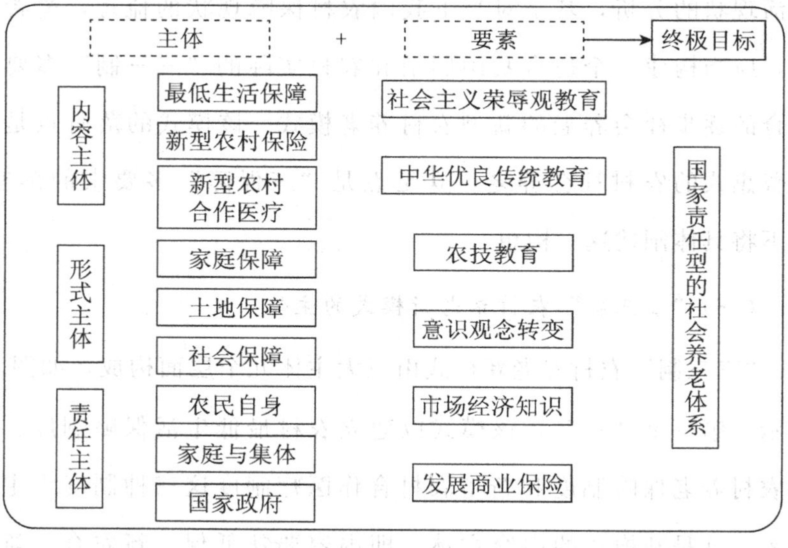

图 2-1 “三三制”农村特色养老新模式

“三三制”中，第一个“三”保证了农村老人“生有所靠、老有所养、病有所医”，能够最低限度地保障农村老年人的生活，维护农村社会稳定。第二个“三”充分发挥了三种保障各自的优势，服务于农村老人生活保障的实际需要，是当前形势下实现终极目标的现实路径。第三个“三”妥善处理了农民、农村集体组织和国家三者在农村老人养老保障责任中的主次关系，逐渐由农民自身承担责任为主转型到国家承担责任为主。责任的明确有助于在相关阶段各责任主体积极履行自身的义务，为最终目标的实现做准备。

（二）“三三制”农村养老新模式的要素

据有关统计，我国目前这种低水平的农村养老保险覆盖面仍然狭窄，至2011年年底“仍有应保而未保的缺口约7 279万人”[①]。这就需要调动起各方面的最大能动性。在当前情势下，要实现各大主体功能的有效发挥还需要中华优良传统教育、农技教育、社会养老意识教育、土地经营权流转方式创新、商业大病保险与人身意外保险等各要素的辅助结合。新模式在明确政府责任的情况下，融合了社会责任和个人责任，既符合现代社会保障的理念，又建立在我国传统与现实的基础上，增强了养老的支持力度。

中华优良传统教育和社会主义荣辱观教育将提高广大农民的认识水平，使得邻里更加友善，家庭更加和睦，使老年人“心有所依”。农技教育在提升农民素质、提高农民自我保障水平的同时，可以促进生产，增加社会财富，增强国家落实社会保障的能力。当前土地仍然是农民最重要的资源，承载着农村经济发展和农民生存保障的双重功能，土地承包经营权与农民社会保障权之间的冲突限制了土地资源的有效利用和农村社会保障体系的顺利

---

① 陈昱阳. 应对农村人口老龄化——积极构建城乡统筹的社会保障体系［N］. 人民日报，2011-04-29.

构建。① 因而，实现土地流转十分必要。土地流转方面可以用土地的使用权置换养老保障权益，具体办法有：①老年农民转让自己的土地使用权，由集体经营，分享收益，以此保障其生活需要；②通过授权某种非政府性公共组织经营自己承包的土地，以此换取一笔可观的现金或者期权等来保障老年农民的生活所需。同时，养老知识的普及将提高农民的保障意识，使之学会未雨绸缪，购买大病保险和人身意外险，在年老时可得到更为充分的保障。盘活这些能够服务农村老年生活保障的养老资源，可有效缓解我国农村社会化养老服务体系尚未建立之前所面临的巨大压力。要有效盘活各要素，政府应敢于担当，发挥自己巨大的动员能力，主动做好相关立法及协同组织工作。

（三）“三三制”农村养老新模式的目标

新模式的终极目标是建立基于国情及国力上的适合农村实际的普惠制社会养老。全社会农村人口老龄化的加速、农村青壮年劳动力的外流以及土地收益的下降等使得发展农村老年社会保障已成为社会经济发展的必需。② 因此，我们要以积极的热情来逐步地推动农村社会保障体系的建立和完善。文中所提的“三三制”模式正是基于这种考虑提出来的。

鉴于目前这辈老年人的生活现状，实行社会养老几乎不可能。因此，“三三制”这种区别对待、强调国家责任逐步实现的养老模式将在改善农村老人家庭养老环境、鼓励发扬传统美德、培育新

---

① 刘立明．土地承包经营权与农民社会保障权的关系及启示：基于法社会学的视角［J］．华中农业大学学报（社会科学版），2012（1）：53—56．

② 姜向群．改革开放以来中国老年社会保障制度的发展变革及政策思考［J］．人口研究，2009，33（2）：20—31．

型现代农民、促进农村生产力发展、增强经济水平和保障能力、发挥家庭养老自觉性、提高农民社会养老意识、加大投保意愿与投保行为等方面发挥积极作用。通过这种具有中国特色的办法，不断提高普惠式养老金标准，可最终建立国家责任型、农民互济性的社会养老，彻底解决农民的养老问题，整体改善老年农民的生活水平，打造出一个更加美满和谐的社会主义新农村，为我国的可持续发展奠定根基，助力于中华民族的伟大复兴。

第三篇

农民致富

农超对接命题[①]

所谓“农超对接”模式，是指农民与超市类性质的企业主体[②]通过农民合作社、农业公司等组织按照某种协议合约和操作方式，向农产品产地的农民直接采购标准化的农产品。这是我国超市发展的第三次革命，受到政府、社会，特别是消费者的高度关注。“农超对接”有助于减少农产品中间流通环节，降低流通成本，缩短农产品物流时间，保持农产品的高生鲜度，提高农产品的品质和安全性，对于增加农民收入、促进城乡统筹协调发展和推动农业现代化等多方面都可以发挥积极的作用。但是，“农超对接”在我国还处于试验阶段，机遇与挑战并存，希望我们充分迎接挑战，抓住机遇，实现发展。

一、当前开展农超对接的主要机遇

围绕着农产品，超市与农民之间有着天然的合作基础。但为什么我国超市到2008年前后才开始发起“第三次革命”？这离超市

---

① 本文由中国农科院农业经济与经营管理专家胡定寰研究员提供思路，由笔者撰写初稿，在胡定寰研究员的审阅下完成。

② 以下把连锁餐饮、大型酒店、机关食堂等对农产品的需求类似于超市的部门或组织称为类超市。

在我国的诞生已经20余年了。原因在于时机还不成熟。超市的农产品经营必须达到一定的规模，才可使“农超对接”的交易成本能够低于其他采购模式。现在采用“农超对接”模式的时机基本成熟，具体包括以下的几点。

其一，超市规模迅速扩大。我国超市从1990年起步，经过超市业态在国内的推广，当前全国的超市规模越来越大。据中国连锁经营协会统计，2007年中国连锁百强企业销售总额达到10 022亿元，占全国社会消费品零售总额的11.3%。2014年连锁百强销售规模为2.1万亿元，同比增长5.1%。门店总数达到10.7万余家，同比增长4.2%。[①] 规模效应的扩大，让超市有能力也有需要开展生鲜农产品的买卖，这样才能进一步拉动超市的发展。

其二，超市管理能力增强。经过20余年的磨炼，中国超市已经培养了一大批有丰富经验的职业经理。这些职业经理人的成长让超市有着强劲高效的经营管理能力。

其三，超市竞争意识提高。我国超市在一级城市和二级城市的布局基本完成，超市与超市的商圈开始重叠，间隔空间缩小使超市吸引客人压力不断加大，尤其在目前的金融危机背景下，消费者更加需要购买物美价廉的农产品。为此，超市需要提升生鲜农产品的采购能力，增强竞争力。据研究发现，“农超对接”可以节约生鲜农产品经营利润的30%～40%。[②]

其四，食品安全呼声高。消费者食品安全意识的提高，使超

① 网易财经．2014年中国连锁百强发布 国美第一苏宁第二［EB/OL］．(http：//money.163.com/15/0422/09/ANQ0BIF0002526O3.html)．

② 参看中国农科院胡定寰2006年《农产品进超市流通成本比较研究报告》。

市面临着巨大的食品安全压力。“农超对接”使超市可直接同农产品生产者见面、沟通并协同监管，对农民进行培训，从而提高农产品食品安全的可靠性。

其五，农产品集中产区逐渐形成。在“一村一品”工程和各级地方政府的相关政策的鼓励和推动下，大面积特色农产品的集中产区纷纷形成，为超市大规模采购提供物质条件。这些地区特色农产品种植面积往往占一个县耕地总面积的60%以上。

其六，物流条件改善。全国高速铁路与高速公路网的形成，方便各地间的交通，缩短了物资流通时间，使生鲜农产品在保鲜期内跨区域运输成为可能。以从广州到北京的铁路运行时间为例，最慢的列车需要近30个小时，而最快的列车只需8个小时，大大地缩短了两地之间的运输时间。

其七，农民组织化程度提高。我国农业的特点是农民人数多，生产规模小，全国平均人均土地不到1亩。超市难以同分散农户打交道，交易成本和管理成本过高。通过农民专业合作社或者农业产业化龙头企业来为超市组织农产品供应，可以克服农民规模小的不足。仅以江西为例，2014年全省农民专业合作社实有3.53万个，社成员达64.35万人，同比增长38.83%，社均成员达18.2人，每10户农户中就有1户加入了农民专业合作社。①

最后，政府的政策支持。2008年，商务部、农业部联合发布《商务部　农业部关于开展农超对接试点工作的通知》，组织开展“农超对接”试点工作，积极发展农产品现代流通方式，推进农产品“超市+基地”的供应链模式。到2012年，试点企业鲜活农产

① 人民网.2014年江西农民专业合作社成员64万？每10户农户就有1户加入.（http://jx.people.com.cn/n/2015/0208/c190181-23830298.html）。

品产地直接采购比例达到50%以上，减少了流通环节，降低了流通费用，并建立了从产地到零售终端的鲜活农产品冷链系统。

二、当前开展农超对接面临的主要挑战

“农超对接”作为一种超市和农民合作的新模式，在我国还没有先例。新生事物在获得众多机遇的同时，面临挑战是难免的。

其一，农产品质量管理意识。一般农民的质量管理意识同超市的要求差距甚远。农民长期以来习惯与传统农产品供应链（经纪人、批发商）打交道，以量取胜，良品、莠品都能卖钱。当超市要求他们按照标准对产品分等级的时候，往往做得不彻底，唯恐剔除次品会影响自己的收入，导致产品验货时达不到超市的要求和标准，造成农超双方不必要的损失。

其二，农民的生产技术。超市经营农产品的要求是质量均衡和长期稳定供货。虽然我国农民的生产技术有了巨大的飞跃，但同超市的标准相比还存在一定的差距，达到超市合格标准产品的比率不高。特别需要强调的是农产品的均一性特别差。所谓的均一性即一批农产品中的成熟度、外形基本相同的比率。均一性差的农产品在长途运输或者超市门店销售时将增加损耗。

其三，超市的现金付款问题。超市采用的银行结算支付方式往往难以被农民接受，农民习惯现金交易，对于银行转账等支付方式存在不信任感。缺乏周转资金也是农民专业合作社参加“农超对接”的一大障碍。

其四，超市与农民在谈判交涉力量的对比上不对称。超市是现代化企业，组织管理严密，具有较强的谈判能力和法律保护手

段。在“农超对接”中一旦遇到纠纷，如何通过法律手段来维护农民利益是一个难题。

其五，农产品的价格问题。在“农超对接”的合作中，超市应该在采购价格上给予农民优惠，把节省的部分利润返还给农民。但是，超市本身也存在巨大的价格压力，可以提升采购价格的空间很小，没有农民所想象的那样“大公司应该出大价钱”。

其六，个别地方政府对中央政策不予执行。中央政府为了鼓励“农超对接”给予地方政府很多的鼓励政策，而这些政策到了个别县城就不予执行。譬如某县的主产品是蜜柚，税务部门担心会影响税收任务，不给农民专业合作社发票，使得“农超对接”合同无法执行。

三、促进“农超对接”发展水平的对策与建议

在机遇与挑战并存的情况下，如何抓住机遇、克服困难，实现“农超”顺利和高效对接，需要农民和超市、政府和农产品消费者的共同努力。

其一，需要在超市和农民之间建立长期合作意识。从超市角度来说，农民生产技术和管理水平的提高，有助于供货数量的保证和供货质量的提高。因此，需要同农民建立长期战略合作伙伴关系，耐心培育、做好前期投入，指导农民按需生产。从农民的角度看，农产品进超市是我国经济发展的必然趋势，是个大而又有相对稳定需求的市场，长期合作对于自己的发展是有利的，要善于借用超市的市场渠道打开自家农产品的销路。

其二，引进竞争机制。在“农超对接”上需要引进竞争机制，

超市与超市竞争，农民与农民竞争，在竞争中提高能力、获得经验、争取发展。

其三，提高农民的组织化程度。目前，我国专业农民合作社的规模还很小，难以应对超市大批量和周年均衡采购的需求。因此，需要鼓励和支持农民专业合作社的社与社合并，成立以地域为范围的合作联社，或者成立跨区域的以某种产品为纽带的专业合作联社。日本的农协在组织社会农产品销售方面就发挥着重要的作用。随着农民专业合作社规模的不断提高，农民专业合作社同超市对接的水平也将得到不断提高。

其四，政府需要增加对农民专业合作社的扶持力度，给予指导和开设各种类型的培训。在合作社的建设资金、设备设施添置（如选果机、冷库等设备）等方面给予支持。

其五，一些地方政府必须高瞻远瞩，充分认识到“农超对接”具有“藏富于民”、繁荣一方经济的积极作用。从整个县域经济发展的全局出发，打破部门利益，真正为实现农民致富、农村进步、农业发展服务。

农超对接：中国梦视域下求解“三农”困境的市场化新路径

“三农”问题是当前及未来中国面临的重大问题，是实现富强、民主、文明、和谐的社会主义现代化社会的首要难题。著名学者费孝通认为，“中国的问题是农民问题，农民问题的核心是土地问题”①。人多地少是我国“三农”问题的症结所在，这也是我们面对的一项长期的基本国情，只能寻求农业的现代化集约经营。农业集约化经营的首要任务是实现农业的市场化经营，解决农产品的市场出路。“三农”问题所引发的社会危机，存在于现代市场经济发展的逻辑之中；农民的弱势、农业的凋敝、农村的衰落是市场经济在中国展开的必然结果。“三农”问题的严重性、超市竞争的需要、政府等各界对民生的关注以及专家学者的探索催生了“农超对接”。在这种逻辑下，本书设想通过“农超对接”，使得农民的生产有组织、有计划、有市场，把农民的力量集中起来，用现代理念来管理生产、服务农村，以节约的方式在有限的资源上达到农业效益最大化，实现农民增收。

① 费孝通．费孝通文集：第十五卷[M]．北京：群言出版社，1999.

一、研究思路与数据概述

本研究探讨“农超对接”是否可以促进农民的组织化与市场化进程。通过数据我们将探析“农超对接”下超市和农民（农民专业合作社）的行为及其绩效改进，其分析思路如图 3-1 所示。

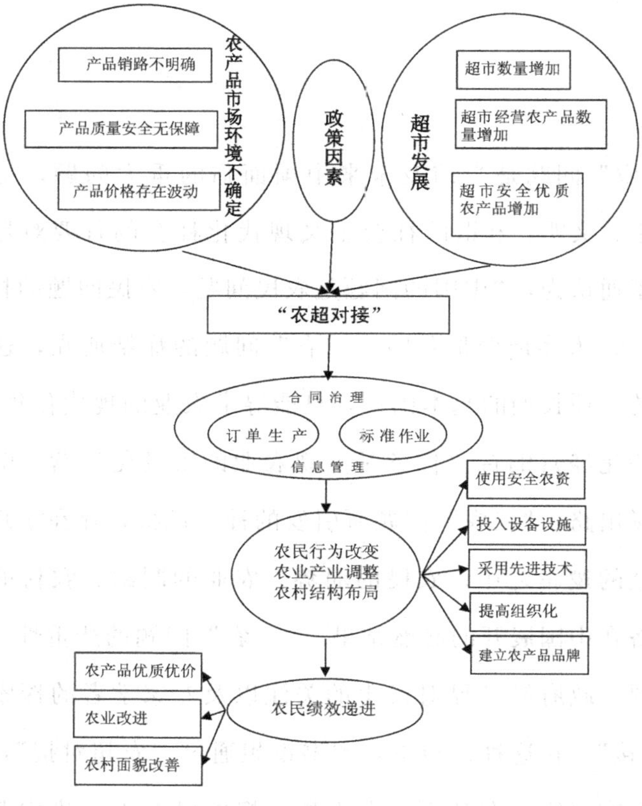

图 3-1 分析思路

为此，本研究调查了家家悦、家乐福 2 家超市和湖北省的 200 多户合作社，以期研究合作社的组织运行情况，尤其是其“农超对接”的开展与影响。农民合作社调查于 2009 年 7 月至 8 月在湖北省农业经济管理局支持下在湖北开展。调查先从全省102个县区中（38个市辖区、24个县级市、37个县、2个自治县、1个林区）随机选取10个县区，然后从每个县区的生鲜农产品类合作社中按等距抽样方法抽取约20户[①]合作社进行调研，内容包括合作社社长或负责人访谈和问卷调查等，合计调研各类生鲜农产品农民专业合作社204户，有效问卷201份，详见表3-1。

表3-1　调查样本分布情况[②]　　户

市、县	合作社的主要农产品								合计
	蔬菜	水果	猪	家禽	水产	牛	羊	其他	
GS市	2	5	2	3	1	0	0	5	18
ZY县	3	2	1	6	0	2	1	5	20
LH县	2	3	1	1	2	0	0	6	15
ZX县	3	3	0	3	3	1	0	4	17
SY县	4	0	2	3	1	1	0	5	16
JS市	1	0	3	5	4	0	0	12	25
TM市	9	1	3	4	3	2	0	2	24
QJ市	7	3	2	2	5	0	0	3	22
GC县	1	1	4	3	3	0	0	8	20
XT市	5	1	3	3	10	0	0	2	24
合计	37	19	21	33	32	6	1	52	201

湖北全省光照充足、热量丰富、雨水充沛、无霜期长，素有“湖广熟，天下足”的美称。近年来，湖北省农村经济稳定发展，

① 每个县区按其合作社发展规模采取一定的配额，所以有的县区多于20户，有的县区少于20户。

② 表中所用数据，如无特别注明，均是来源于本次实地调查。

农业综合生产能力进一步提高。据湖北省工商局提供的数据显示，到2009年6月底，经登记设立的农民专业合作社达到4 009家，比两年前增加4.8倍；出资总额达42.88亿元，比两年前增加30多倍。农民专业合作社已发展成为带动农民增收的一支不可忽视的新生力量。湖北作为我国中部的重要省份，研究其生鲜农产品生产流通，对于我国广大的中西部地区农民发展生产力、建立合作组织及融入现代化农产品供应链有重大的时代意义。

二、“农超对接”的界定、本质及其模式

（一）“农超对接”的界定及其本质

“农超对接”是指农民与超市类性质的企业主体通过农民合作社、农业公司等组织按照某种协议合约和操作方式，向农产品产地的农民直接采购标准化的农产品。“农超对接”又称“超市直采、农民直供”，是当前农产品供应链管理理论与生产经营实践互相融通、互为推动的新产物，是政府相关部门、供应链管理研究的专家学者与农产品生产、加工、流通等各方共同开创的一种积极的“社会实践”。其本质是将现代生产流通方式与现代农民理念引入农村，将千家万户的小生产与千变万化的大市场连接起来，将单打独斗的小农户联合起来。建立“农超对接”的优势在于：减少农产品中间流通环节，节约交易成本和物流时间；加强对农产品生产、加工、流通的监管，实现农产品的可追溯性，以提高农产品的品质与安全性；为农民提供相对稳定的农产品需求市场，改善农业经营水平，增加农民的收入与合作，积极服务于农民、合作社、消费者、超市、农业企业、农业与政府。

当前，“农超对接”已是国外普遍采用的一种农产品生产流通销售模式。统计显示，农产品经由超市销售的比重在欧美达80％，日韩等亚太地区达70％以上，而我国只有15％左右。显然，“农超对接”在我国尚处于起步阶段，有很大的成长空间。“农超对接”将在我国特色农业现代化道路上，留下深刻的足迹。

（二）“农超对接”的模式

伴随“农超对接”的兴起，各方因地制宜、因时取利，在实践中创造了四种比较典型的“农超对接”模式，如图3-2所示。

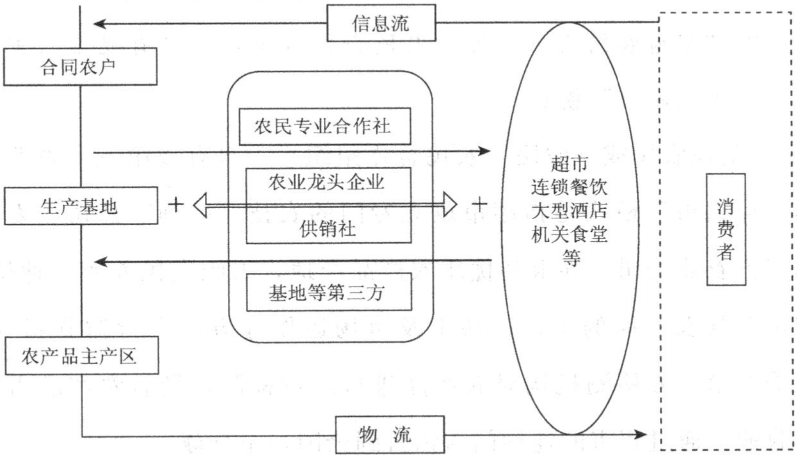

图3-2 农超对接

1.“农民＋农民专业合作社＋类超市”模式

“农民＋农民专业合作社＋类超市”模式是指超市成立专门的“直采”小组，由它从全国各地的农民专业合作社中挑选出有一定规模、能生产优质农产品的合作社，与它们合作并提供相关的技术、标准或资金支持等，由它们组织农民生产，提供安全优质的农产品。

这种模式的典型代表是家乐福超市所实行的“农民直采”，亦称“家乐福模式”。家乐福从2007年年初开始做产地源头“农民直采”，在全国范围内派出协调员和采购员，与各地的农民专业合作社协议合作，直接采购农民的优质农产品，并在家乐福的卖场中设立“农民直采”专区。到2009年年底，家乐福至少与20个省市的200家农民专业合作社建立“直接采购”关系。同时，为了适应与农民专业合作社的合作，家乐福一改对全球供应商统一的60天回款账期，将其缩短到15天，并可依情况为合作社预付60%的货款。此外，定期对合作社进行相关培训，以提高合作社的管理和技术水平，并设专人帮助合作社在当地市场寻找合适的物流和包装供应商。

2. “基地农民或（农民+农民合作组织）+自有或第三方农业公司+类超市”模式

“基地农民或（农民+农民合作组织）+自有或第三方农业公司+类超市”模式是指超市成立专门的农技（咨询）公司或委托第三方农业公司，寻求到优质农产品产地，组织农民养殖、种植，超市对其农产品的生产、加工及市场运作等方面进行监管指导，并委托第三方检测机构对农产品进行质量检测，最后农产品由超市收购，通过超市的连锁门店销售到全国乃至全球。

麦德龙超市是采用这种模式的典型之一，它是全球首家采用现购自运会员制运营的超市。它的主要顾客是大型宾馆、饭店、机关及高校食堂等，也是我国商务部“农超对接”试点的一家大型外资超市。区别于家乐福与农民专业合作社直接合作，麦德龙成立专门的麦咨达农技咨询公司，由它与相关的农业产业化企业合作。这种模式的另一个代表是沃尔玛超市，沃尔玛“农超对接”中有2/3以上是与公司合作开展的。其基本做法是在全国范围内筛选优质的农产品主产区，在主产区内寻找可靠的相关农产品公司，与这类公司达成合作，由它们负责沃尔玛在本区域的相关优质农产品供应。

3. “农民社员/农民合作社＋农产品基地＋类超市”模式

家家悦超市是“农民社员/农民合作社＋农产品基地＋类超市”模式的典型开创者。家家悦是山东一家大型的本土超市。作为一家地方性、直接面向群众的超市，家家悦超市早年在生鲜经营方面就开始突出经营特色、强化生鲜管理，保证超市生鲜食品的安全，从生鲜食品的采购、加工到销售，全部实行自主经营，并建立无公害蔬菜生产基地，与农户签订种植协议，积极发展订单农业，组织农民生产农产品。在发展农产品基地时，家家悦超市的主要做法是与镇政府和村委会合作，共建种植和养殖基地。农民的蔬菜瓜果离开田头就上了货架，实现了“早上在田里，中午在店里，晚上在锅里”，对接缩短了由农产品到商品的中间环节，保证了生鲜产品的新鲜和质量，同时也为农产品建立起稳定的销售渠道。

在“农超对接”的导向下，家家悦把超市标准前移到田间地头，让消费需求引导农业种植，形成了三种不同程度的对接形式。

(1) 紧密型对接。超市免费提供种子，确定种植的面积、品种、标准和价格，全程参与农产品生产基地的管理，之后按照议定标准整体收购基地农户的农产品。

(2) 半紧密型对接。通过镇、村两级组织牵头，采用联户形式，引导农户种植，规范种植标准，但不确定收购价格。

(3) 松散型对接。对于路途遥远、容易运输的农产品，超市把标准提供给当地政府和协会，由他们牵头引导农民种植。

4. “农民/基地农户＋供销社指导下的农民合作社＋类超市”模式

“农民/基地农户＋供销社指导下的农民合作社＋类超市”模式

的首创者是物美超市。物美超市是北京的一家知名超市，由一批留美博士创立，它起步晚、发展快，目前其销售额约占北京零售业总额的1/3。2008年物美超市开始全面研究“农超对接”，首创了“超市＋供销社＋农民/基地农户”模式。所有从山东田间地头采购的新鲜蔬果直接送到物美在北京的果菜配送中心，保证从采收到进卖场整个过程不超过24小时。其最大便利在于供销社长期立足于农村，熟悉当地农业、农产品及其市场；农民也需要合作社引导进行有计划的种植和养殖。比起其他超市下到农村基地去“单打独斗”，物美超市更显得事半功倍。物美超市的结算方式也比较灵活，在合作社家门口就可以结算，结算周期也没有固定，主要取决于双方的信任。

三、“农超对接”增收的背景考察

（一）“三农”困境

“三农”问题事关13亿人口的福祉，是事关经济社会发展与国计民生的重大问题。解决“三农”问题不容迟疑。当前应从以下几方面寻求突破。

（1）农民增收困境。长期以来，在“士农工商”四类人群中，“农”的重要性虽被人们所认同，但事农者的待遇一直处于分层的下端。改革开放以来，无论粮农、果农、菜农、奶农，无论沿海、内地，不同年份、不同季节均存在不同程度的农产品“卖难”问题。农户均无法摆脱产量“忽多忽少”、价格“忽高忽低”、“增收—减收—增收—减收”的循环怪圈。自20世纪90年代以来，我国大部分农产品告别了普遍短缺的时代。百姓不愁吃穿，农民却愁农产品难卖，谷贱伤农、菜贱伤农，而化肥、种子、农药等农资的成本却刚性上涨，丰收并不能给农民带来实惠。

(2) 农业结构困境。家庭承包调动了农户的积极性，但弊端也日益凸显。单家单户规模有限，无力或不需实现机械化，生产效率低。同时，一家一小块地的耕作方式降低了农民的组织化程度，由于缺乏共同利益，很难联合起来，使大多数农民处于孤立的境地。单个农户既无法另谋出路，从事其他行业，又无法做到专业化经营。单家独户种植的粮食既无多少，又无标准，在市场上缺乏讨价还价的谈判能力，自己的农产品定价自己说了不算。这种类似于"小农经济"的生产方式在社会主义市场经济下难以抵抗各种自然风险、市场风险和社会风险。尤其是随着农业生产效率的提高和经济体制改革的深入，面对资源与市场的双重约束，家庭经营的小生产与大市场之间的矛盾越来越突出。土地流转与集中经营势在必行。

(3) 农产品品牌困境。全国大多数一家一户的农民由于技术、文化水平、土地面积有限，很难调整种养种类，管理好、打造好一个品种。很多地方农产品种植不成规模，数量少，没有自己的品牌，即使有一些特色农产品，也因缺乏管理、品牌经营与包装意识，难以进一步地发挥资源优势。比如在一个地区内，同一种产品被注册了不同名称的商标，产品的特点和优势不能充分显现，反而导致重复竞争，内耗过重，造成有产品出不了精品、有招牌叫不响名牌的局面。

(4) 新农村建设困境。改革开放以来，我国农村外出人口持续增长。根据国家统计局的抽样数据，2005 年我国流动人口的规模是 1.47 亿人，占当时全国总人口的 11.3%。2009 年我国总的流动人口规模是 1.8 亿人左右，其中外出农民工是主体，农村外出劳动力约 1.5 亿人，其中常住户中外出务工的劳动力 1.220 8 亿人，举家外出劳动力 2 990 万人。[①] 2014 年全国农民工总量为 2.739 5 亿人，比上年增加 501 万人，增长 1.9%，其中外出农民工 1.682 1 亿人。[②] 而且农村外出务工劳动力以青壮年为主，如 2003 年农村外出务工劳动力中，40 岁以下的青壮年劳动力占 85.9%，其中 25 岁以下的占 47.3%；2010 年 40 岁以下的农民工所占比重为 65.9%；2014 年 40 岁以下的农民工所占比重为 56.5%。[③] 农村人口的不断流出已经影响农村经济社会的运行。由于农村年轻人外出，农村常住人口年龄结构呈“两头高、中间低”形状，即少年儿童和老年人口多，青壮年人口少，农村地区老年人口比例明显上升，同时也使农村部分地区出现了劳动力适龄人口短缺和经营能手短缺的问题。

（二）“农超对接”对超市的利好

超市作为一种零售平台，需要一定的商圈才能生存发展。随着超市增多，其商圈必然叠加，引发竞争。生鲜农产品是人们每日必不可少的生活必需品，对超市而言具有很强的聚客力。拥有源自产地、品质上乘、品种多样、价格公道的生鲜农产品是超市的揽客“招牌”。“农超对接”无疑适应了超市的发展需要。

（1）减少农产品流通中间环节，缩短流通时间，保证农产品

---

① 国家统计局农村司．2009 年第三季度农村劳动力外出务工情况［EB/OL］．中华人民共和国国家统计局网站．（2009-11-02）［2015-10-11］．http：//www. stats. gov. cn/ztjc/ztfx/fxbg/200910/t20091028_16129. html.

② 王希．2014 年我国农民工总量增长 1.9%［EB/OL］．新华网．（2015-04-29）［2015-06-28］．http：//news. xinhuanet. com/2015-04/29/c_1115132106. htm.

③ 青壮年农民工比例有所下降，这也从一个侧面反映了我国当前人口老龄化加速的严重局面。但尽管如此，仍然可以看出，农村中半数以上的青壮年都外出务工了。

新鲜度，降低采购成本。图 3-3 是农产品以传统流通渠道和“农超对接”方式进入超市的成本及时间比较图①。从中可看出，按传统路径，一个农产品从田间地头到消费者餐桌，要经历经纪人、批发商、运输商、批发市场、供应商、超市等环节，层层转手，至少需 3 天。而“农超对接”减少中间环节后，流通时间缩短到 1 天，从而节约 20%～30%的成本，使超市的利润空间增大。超市可以根据市场行情调节果蔬售价，使其价格低于同行甚至传统菜市场，获得更强的竞争力。

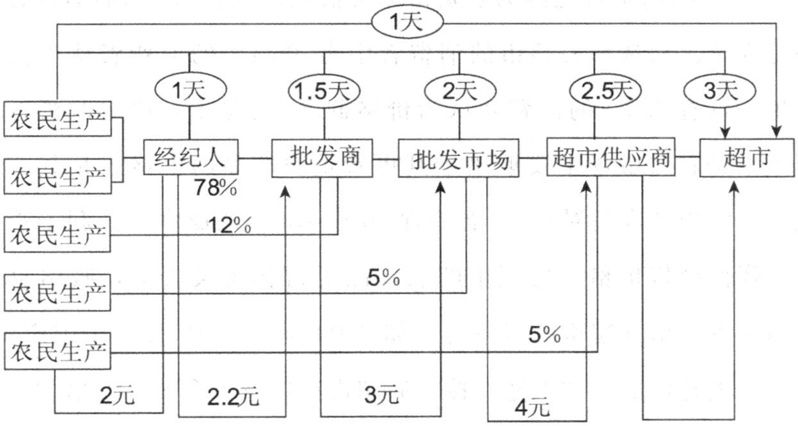

图 3-3 农产品进超市成本及所需时间比较

（2）实现农产品的可追溯性，提高农产品的安全性与品质。由于“农超对接”能够促进超市对上游的控制与监管，因而能建立农产品的可追溯性体系，有效保证超市农产品的质量安全。家乐福中国区总裁兼首席执行官罗国伟说：“直采模式可以让食品的追溯从农田开始，有利于构筑‘从田头到餐桌’的可监控的农产

---

① 基于中国农业科学研究院胡定寰研究员 2006 年《农产品进超市流通成本比较研究》得出的结论而绘制。

品产业链。”在“农超对接”模式下，超市开始更多地参与到农产品的上游生产中去，从标准制定到技术指导到质量检验，再到统一加工、生产和配送，从各个环节保证产品的安全。家家悦董事长王培桓说：“农产品的问题重点出在流通环节，流通问题不能解决，问题就不能杜绝。”① 而“农超对接”恰好解决了这一问题。

（3）凝聚顾客，增强竞争力，提高超市利润。2006 年中国农科院胡定寰研究员的一项研究表明，目前在决定人们去菜市场还是超市买水果和蔬菜的原因分析中，选择去农贸市场的消费者中有 85.4%的消费者是因为农贸市场价格低，仅有 2.2%的消费者认为是安全。而选择去超市的消费者中有 89.4%的消费者认为安全卫生，仅有 2.9%的消费者认为价格低。② 就是说，决定购买者去超市还是农贸市场主要取决于其更看重农产品的价格还是其安全优质。实现“农超对接”，能节省 20%～30%的成本，让利于消费者，降低销售价格，使超市的农产品变得物美又价廉，吸引更多的消费者，增强超市的竞争力。如 2009 年 6 月 19 日《中国商贸》报道物美超市实行“农超对接”后超市销售量上升 8～10 倍。③

（三）“农超对接”与农业现代化的契合

改革开放以来，我国经济快速发展，2010 年成为世界第二大经济体。经济实力的增强，为我国加快实现农业现代化奠定了物质基础。近年来，我国农业部门的机械化和设施化水平有了很大提高。但是，在三大产业分配中，农业比重最低；同现代化农业

---

① 连锁业巨头聚郑共商农超对接带动农业走向现代化［EB/OL］. 中原网.（2008-11-10）［2014-09-04］. http：//www.zynews.com/2008-11/10/content_526669.htm.

② 商务部市场建设司重点课题. 生鲜农产品进超市流通成本比较研究［R］. 2006.

③ 陈岳峰. 供销社携手零售巨头，演绎新农超对接［J］. 中国商贸，2009（8）：54—55.

目标相比，农业部门的组织化程度、农民的商品化意识和环保理念还是差距很大。农业现代化的首要任务是解决农业的组织化问题和农产品的市场问题。拥有众多连锁门店的超市对农产品进行集中采购，不仅降低了经营成本，也增加了对供应链上游的控制和交涉力量。超市的发展为安全优质农产品的生产和流通创造了客观条件，而安全优质农产品的生产体系的建立、推广和普及又推动了中国农业生产体系朝着现代化方向发展。[①] 农民和农民专业合作社与超市实现对接，必然增强超市对农业的影响，势必推动与其对接的农业部门逐步实现现代化。

（1）改变传统生产意识，实现订单生产与标准作业。传统农产品供应链中农产品的生产和消费相隔，生产者无法了解消费者的需求，不愿承担引进新品种或采用新技术的市场风险。而实现“农超对接”后，超市的顾客就是最终的消费者，超市通过对消费数据的收集与分析，可以为农民或合作社生产提供依据，促进农业生产以市场为导向，规范管理，高效运作。

（2）帮助生产者确立生产安全优质农产品的意识。在经营农产品上，中国超市的主要竞争对手不仅在超市同行之间，也在个体摊贩上。超市无论在经营成本、税收和灵活性上都难以同个体摊贩竞争，所以超市只有把自己定位在经营安全优质的农产品上才能在竞争中处于有利的地位。为了实现这个目标，超市需要从农产品源头做起，建立可追溯体系。这套体系的建立，使以超市为对象的农产品供应者逐渐地形成生产安全优质农产品的意识。随着超市经营安全优质农产品范围的扩大，安全优质农产品的生

---

① 胡定寰，等．超市为中国农业发展带来的挑战和机遇［J］．中国农业经济评论，2004（3）：304—328.

产就会在中国广大的农村地区逐渐地普及开来。

(3) 优化农业生产结构。超市的发展也会影响农产品生产者的组织结构。随着超市对安全优质农产品需求的增加和管理上的加强，部分农产品的供应商为了确保产品的安全性和稳定供应性，不得不建立自己的农场。供应商租赁农民的耕地，雇用原地的农民进农场劳动，使得原来"自由的"小规模农户转变为领取工资的雇佣劳动者。在供应商建立基地的地区，原来分散生产的小规模农户也转变成为超市农产品供应链上的一个组成部分，生产品种、数量、技术和生产投入资料受到控制，从全权独立的生产者转变为半独立的生产者。

(4) 加快农业部门的全球一体化进程。"农超对接"可以使超市更好地掌握农产品信息，把农业部门纳入经济一体化的进程中。随着对外开放的深入，家乐福、沃尔玛等跨国超市集团纷纷扩大在中国的规模。这些掌握全球采购系统的外资超市通过他们的供应链可以方便地把国内的农产品出口到其遍布在世界各国的分店。如沃尔玛每年在中国采购的产品达到100亿美元。但是，这套全球采购系统也方便地把国外的农产品运到中国市场，使得国内农业生产者面临更多的前所未有的挑战，进而不得不加快农业现代化的步伐。

四、"农超对接"：农民增收的新推力

要顺利实现"农超对接"，对农民和农民专业合作社的生产经营都有相当的要求，这将不断地促进农民和农民专业合作社的绩效改进。超市竞争的加大使得超市有不断完善"农超对接"的压力；"农超对接"对超市的积极意义使得超市有不断完善"农超对

接”的动力，进而化为对农民和农民专业合作社的推力，促进农民和农业部门的积极转变。

（一）“农超对接”的组织需求

类超市作为一种现代化的企业组织，受制于与一家一户的小规模农户直接交易的高成本，类超市需要交易的对方也是现代化的企业法人才能开展合作，这促使农民成立或完善自己的合作组织——农民专业合作社。而完善农民专业合作社可直接或间接地促进农业增效与农民增收。

（1）智慧共享与能力互补。个体农户经营管理能力的差别直接造成农民的贫富差别。农民专业合作社领导大多是经营能手，眼光广、点子多、能力强，往往能够把这些点子变成各个社员的共同行为，提高社员群体的经营管理水平。在本次调查的201户农民专业合作社中有约80%的合作社发起者是乡村干部、经纪人、农产品加工老板等农村精英，如图3-4所示。合作社在他们的带领下可以发挥成员各自的专长，实现成员之间的能力互补，收到分工协作的效果。

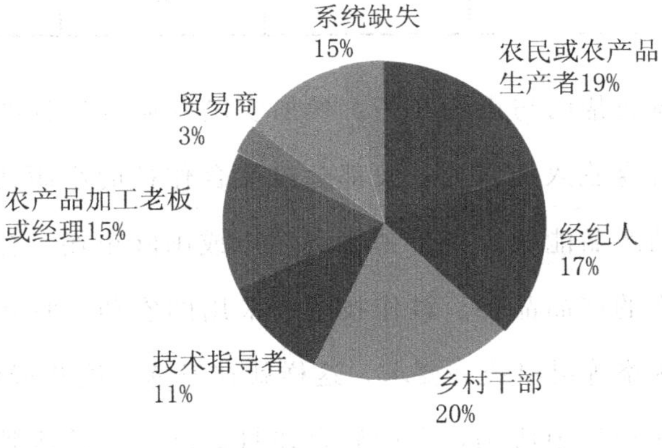

图3-4　农民专业合作社发起人身份属性

（2）技术扶持与生产帮助。比起一家一户的小农户，合作社有能力聘请专家作为技术、市场、政策顾问，把先进的科学技术、管理方法吸引到合作组织中来，把新的实用技术源源不断地吸纳进来并传播出去，成员能够从合作社得到更好的技术、更新的品种。在调查的201户农民专业合作社中，问及是否为生产者提供技术支持、生产资料等时，86％以上表示会为农户提供化肥、农药等生产资料，97.5％表示会为农户提供技术帮助（见表3-2）。

表3-2　农民专业合作社是否提供生产资料与技术帮助统计情况

统计	是否提供生产资料		是否提供技术支持	
	户数	百分比/％	户数	百分比/％
否	27	13.4	5	2.5
是	173	86.1	196	97.5
系统缺失	1	0.5	0	
合计	201	100.0	201	100.0

（3）流通帮助与市场开拓。参加农民专业合作社的各个农户出于提高自身收入的需要，大都会接受合作社的组织协调。如为了使各户的产品能联合批量销售到超市或国际市场，合作社就会对各户生产的产品品种、耕作技术、采用的农药、收获产品的时间及产品规格等提出统一要求，这样就在发挥家庭积极性的同时，实现了产前和产中协调，为产后合作打好基础。具体到流通与市场准备时，专业合作社都会为农户提供农产品包装、质量分级、

贮存等，其中指导质量分级最多，占到58.7%（见表3-3）；当农产品可以流通或成熟期时，96.5%的合作社会为农户找市场，协助农民销售或代理销售，其中71.6%的农户把农产品先卖给合作社，由合作社销售到外界市场。调查中也发现，部分专业合作社利用自身优势设立专业网站，将诸如产品、产地、生产者、品种、规格、数量等信息都公布出来，以方便外界了解联系。也有一些农民专业合作社用信息技术处理、交流信息，大大提高了信息综合利用能力和效率，在市场中变得更加主动。

表3-3　农民专业合作社是否提供农产品包装、贮存与质量分级及帮助开拓市场情况

统计	提供农产品包装		提供质量分级		提供农产品贮存		帮助打开市场	
	户数	百分比/%	户数	百分比/%	户数	百分比/%	户数	百分比/%
否	110	54.7	83	41.3	143	71.1	7	3.5
是	90	44.8	118	58.7	58	28.9	194	96.5
缺失	1	0.5						
合计	201	100.0	201	201	100.0	100.0	201	100.0

（4）以合作社为依托的政府支持。农民组成合作社后可以获得政府的政策、资金、税收、技术等方面的支持。在调查中，几乎所有的合作社都获得了政府或多或少的帮助，其中最多的是质量检测支持，其次是管理支持，接着是资金、技术支持。更有75户合作社表示成立合作社的原因之一就是合作社比一家一户更能获得政府优惠（表3-4）。

表 3-4 农民专业合作社获得政府资金、管理、技术、质量检测支持与政策优惠情况分类统计

统计	政府资金支持		政府管理支持		政府技术支持		政府质量检测支持		政策优惠	
	户数	百分比/%	户数	百分比/%	户数	百分比/%	户数	百分比/%	户数	百分比/%
否	119	59.2	103	51.2	126	62.7	85	42.3	126	62.7
是	82	40.8	98	48.8	75	37.3	116	57.7	75	37.3
缺失									2	
合计	201	100.0	201	100.0	201	100.0	201	100.0	201	100.0

（二）"农超对接"的产品需求

出于竞争和自身品牌维护的需要，超市对经营的农产品有严格要求。生鲜农产品是超市的"生命力"，具有重要的聚客能力。安全优质是生鲜农产品的"生命力"，直接关系超市的长远发展。对于开展"农超对接"的农民和合作社，达到质量要求是超市采购其产品的前提，这就促使农民改善生产，产出安全优质的农产品，进而增强产品竞争力，促进收入增长。在调查的已开展"农超对接"的39家合作社中，其产品100%达到无公害农产品标准以上。与此同时，在没有开展"农超对接"的合作社中，有49家农产品质量保证不明确或没有达到最低标准，约占总数的30%。

"农超对接"对农产品安全优质的保证有两点。第一，选择质量可靠的合作社进行合作。本次调查的201户合作社中有145户被要求提供最低质量保证，占72.1%；开展"农超对接"的合作社更是要求100%达到最低质量标准。第二，严格执行质量标准。不达标，不接收或低价接收，促使农户和合作社不断改进农产品质

量。调查发现，在39家“农超对接”的合作社中，有33家如果出现提供的农产品不合格的情况，将遭到扣款或拒收，约占84%。利益上的损失对农民或合作社具有十分明显的压力。

（三）“农超对接”的规模需求

现代农业需要集约化经营。“农超对接”本身就是农业现代化的一个表现，分散的小规模生产模式已经难以适应。因此，需要从制度上进行创新，通过制度变迁来获得更大的经济社会收益。以家庭承包经营为基础建立的农民合作组织，把小规模的农民组织起来，促使土地流转集中，扩大生产规模，用现代管理方式经营农业。在调查的样本合作社中，开展“农超对接”需要最低的土地数量要求的有118家，相比只有82家表示对土地数量并无严格要求。这样，既保证了家庭经营的内部成本优势，又发挥了合作社组织起来的外部交易成本优势。这一点从调查的数据中表露无遗。表3-5显示，89.1%的合作社表示规模经营能够增加讨价还价的能力，85.1%的合作社表示规模经营能够减少寻找市场的时间和成本，53.7%的合作社表示规模经营能够降低采购成本。

表3-5　规模经营是否降低采购农资成本、减少寻找市场的时间和成本、增加讨价还价能力的情况调查

统计	降低采购农资成本		减少寻找市场的时间和成本		增加讨价还价能力	
	户数	百分比/%	户数	百分比/%	户数	百分比/%
否	92	45.8	29	14.4	20	10.0
是	108	53.7	171	85.1	179	89.1

续 表

统计	降低采购农资成本		减少寻找市场的时间和成本		增加讨价还价能力	
	户数	百分比/%	户数	百分比/%	户数	百分比/%
合计	200	99.5	200	99.5	199	99.1
缺失	1	0.5	1	0.5	2	0.9
合计	201	100.0	201.0	100.0	201.0	100.0

（四）“农超对接”的行为需求

农民与超市直接对接可促使超市标准前移到田间地头，让消费需求引导农业生产。以超市为代表的商品销售体系使农业生产和销售进入大规模销售体系，农户由生产导向的资助性决策变成了市场导向的计划性决策，大规模销售体系作为市场力量的代言人在引导着农业生产活动。超市对农产品从源头到消费地有效率、有效益的流动进行计划和控制，而制定合同就成了双方必要的协议保证。如对问卷中“是否开展农超对接”与“销售合同形式”做交互分类发现，已经开展“农超对接”的合作社与超市中，明确签订了书面合同的约有71%，而还没有开展“农超对接”的合作社与超市中仅有26%明确了书面合同关系。可见，结成稳定的契约型合作关系可以约束并预见可能的行为，有利于农民快速提高自身的现代化管理和组织能力，引导农业生产社会化、标准化、组织化地进行。

（五）“农超对接”的市场机遇

通过分析可见，“农超对接”具备促进农民组织化的巨大推力。2007年《农民专业合作社法》的实行促进了合作社的发展。

据国家工商总局统计，到 2009 年上半年，全国依法登记的合作社已达 14 万家，实有成员 1 200 多万家，如果加上其他合作经济组织或协会，农户成员更是达 3 486 万户，占全国农户总数的 13.8%[①]。截至 2014 年 12 月底，全国实有农民专业合作社 128.88 万家，到 2015 年 6 月底，全国农民专业合作社总数已达 141.18 万家。据全国农民合作社发展部际联席会议第三次全体会议（2015 年 3 月 19 日）公布的数据，截至 2014 年 12 月底，实际入社农户 9 227万户，约占农户总数的 35.5%，而各级示范性合作社已超过 12 万家，联合社也达到了 6 800 多家[②]，合作社在农业、林业、水利、供销等领域竞相发展，大大激发了农业与农村的发展活力，农民合作已经表现出巨大的生命力。“农超对接”的全面进行有力地推动了农民的组织化和合作社的完善，农民专业合作社把分散的农户组织起来，为农户提供产前、产中、产后服务，有效地解决了一家一户办不了、办不好的事情，对于连接农户与市场、提高农民收入有重要的作用，在解决小规模农户发展受制于资金不足和缺乏抵押性资产方面也发挥了积极作用。农民专业合作社将农机的拥有者和使用者紧密联结起来，扩大了农机作业服务规模，提高了机械利用率和农机经营效益，有效解决了农业机械大规模作业与农户小规模生产的矛盾。合作社的集体行动也有助于提高农产品的安全性，帮助建立农产品质量可追溯体系。农民组织化程度的提高，将为我国实现农业现代化创造更加有利的条件。

“农超对接”是农民和超市之间的直接合作，超市是一个庞大

---

① 方永磊：农超携手闯市场，合作共赢谋发展 [J]．农村经营管理，2010（4）：1.

② 全国实有农民专业合作社达 141.18 万家，出资总额突破 3 万亿 [EB/OL]．全国工商总局网站．(2015-07-17) [2015-09-11]．http：//www.ccfc.zju.edu.cn/a/shujucaiji/20150717/20455.html.

的消费场所。据中国商业联合会、中华全国商业信息中心统计，“2014年我国零售百强企业实现销售额33 741.0亿元”，如果以农产品占销售总额的20%计算，2014年百强零售企业的农产品销售总金额可达到6 748.2亿元。连锁超市类企业显然已成为重要的农产品销售渠道。由于超市的需求是长期的、稳定的、均衡的，农民与超市之间的协议保证了农民或农民专业合作社具有相对稳定的农产品市场，为农产品建立了相对稳定的流通销售渠道。在直接采购的新模式中，可以在实际销售之前计算预期销售收益，农民可以通过合约预算利润，控制生产成本。在调查中发现，开展“农超对接”后，有63.1%的农民的长期收益高于一般市场的10%以上。

总之，“农超对接”能够推动农民的组织化与规模化，让农民资源共享、互通有无、能力互补，将家庭经营的个体劣势转化为群体优势；在更大范围、更广空间实现资源的优化配置，实现外部利益的内部化和交易费用的节约；减少经济活动的不确定性和开发新的农产品市场，促进城乡协调发展，共同享受合作带来的社会经济财富。

五、结语

“三农”问题是我国当前及今后相当长时期所要面对的重点、难点，直接关系经济社会的和谐建设。“农超对接”是新形势下农产品供应链管理的革新，带来了一种新型的农业生产流通经营方式，为农民和农业创造新的机遇，是农民增收的一种新渠道。“农超对接”有利于农民和农民专业合作社以市场为导向，调整生产结构，培育自有品牌；有利于拓宽农产品销售渠道和销售范围，实现小生产与大市场的连接；有利于提高农产品销售价格，解决农产品“卖难”“增产不增收”等问题；有利于政府探寻有效解决“三农”问题的新路径，引导、促进城乡统筹协调发展，推进农业现代化；有利于消费者买得便宜，吃得新鲜，食得放心，进而促进现代农业的发展。“农超对接”对建立现代化农产品流通体制、增加农民收入、统筹城乡协调发展以及建设社会主义和谐新农村都具有重要意义。

第四篇

新生代发展

外省市新生代流动人口在京社会融合研究

2014年2月习近平总书记在北京调研时指出，要“努力把北京建设成为国际一流的和谐宜居之都”①。这是习总书记对北京未来建设的殷切期待，也是求解北京当前发展困境的战略指示。把北京建设成为和谐宜居之都的关键之一就是做好外省市来京流动人口的社会融合。作为一国之都，北京不可避免地吸引着全国无数的热血之士而成为一座移民性城市。据2013年度人口抽样调查数据显示，“2013年底北京全市常住人口为2 114.8万人，其中常住外来人口为802.7万人，占常住人口的38%”②。数量庞大的外来流动人口问题是北京不得不重视的问题。一方面，外来人口为北京的建设增添了无数动力；另一方面，外来人口也给北京带来了不少压力。如何做好外来人口的社会融合将是北京和谐可持续发展的关键之一，它的解决需要流动人口自身、北京市以及国家制度层面等多方的共同努力。外省市来京新生代流动人口社会融合研究将为北京的流动人口治理提供参考，为北京建设成为国际一流的和谐宜居之都提供思路，让“北京梦”梦想成真，让“中国梦”因为有了“北京梦”而更加绚丽多彩。

---

① 习近平．北京要建成国际一流宜居之都［N］．北京晨报，2014-02-27.

② 龙露．去年底北京常住人口达2 114.8万人［N］．北京晚报，2014-06-18.

一、研究方法

本次研究的主要对象是外省市来京新生代流动人口，即外省市来北京的“80后”“90后”人口。2014年7月至8月间，课题组在不同场所通过不同渠道对调查对象随机发放调查问卷，采用现场或网络自填问卷的办法收集他们在北京社会融合情况的相关资料，特别是收集具体影响来京新生代流动人口社会融合因素的数据，如性别、年龄、教育程度、婚姻状况、职业状况、收入水平、住房性质、居住形式、基本公共服务、社会保险、社会活动、人际交往等，进而分析新生代来京外来人口的社会融合现状、特点、困境及其发展对策。本次调查共发放调查问卷120份，收回104份，其中有效问卷100份。问卷回收之后，课题组对问卷做了仔细的编码整理，并运用SPSS社会调查统计分析软件对样本数据进行分析。除了问卷调查、统计分析之外，也采用了文献分析和比较分析，通过收集不同时期北京人口的文献资料，比较分析每一时期北京人口的情况。

二、研究发现

（一）当前来京新生代流动人口的基本特征

1. 构成情况：以北京周边地区的80后未婚男性为主

本次调查数据显示，外省市来京新生代流动人口中，62%为男性，38%为女性，男性比例高于女性，其中“80后”占58%，“90后”占35%，“00后”占2%。未婚者占60.2%，已婚者占

39.8%。籍贯分布上，来自东部的外地人占本次调查总数的33%，中部地区占59%，西部地区占8%。其中，河北、河南、山东来京流动人口占比最多，分别为18%，33%，11%。可见，来京距离、流出地人口规模、流出地剩余劳动力、流出地经济社会发展情况等因素决定了他们是否流动到北京。

2. 教育情况：受教育水平明显较高，但低学历者也不少

从表4-1可以看出，受过高等教育的占比为60.4%，特别是研究生以上学历者已经占到27.1%，平均受教育年限为14年，高于全国平均受教育年限（9.05年）近5年，高于北京市常住人口平均受教育年限（11.6年）2.4年，表明当前在北京的新生代流动人口的受教育程度普遍较高。这些受过较好教育的外来人口工作、生活于北京，不仅是出于他们自身生存发展的考虑，也是北京在发展过程中对于人才的大量需求的表现。他们活跃在北京的各行各业，是推动北京发展的重要力量。此外我们也注意到，北京庞大的城市规模创造着众多的工作机会，同样吸引着大量的低学历外来人口。如果按此比例以2013年年底北京市常住外来人口为802.7万人测算，在京初中以下学历的外来流动人口有92.31万人，相当于我国一个地级市人口当量，他们主要求生于北京的低端服务业。

表4-1 新生代来京流动人口的受教育程度统计

受教育程度	频数	百分比/%	有效百分比/%
小学	5	5.0	5.2
初中	6	6.0	6.3
中专	4	4.0	4.2

续 表

受教育程度	频数	百分比/%	有效百分比/%
专科	7	7.0	7.3
本科	25	25.0	26.0
硕士	19	19.0	19.8
博士	7	7.0	7.3
系统缺失	4	4.0	
合计	100	100.0	

（二）当前来京新生代流动人口的经济情况

1. 就业情况：就业比率较高，但水平还有待提高

从表 4-2 可知，若排除职业还是学生及未填写职业者，作答的被调查者的就业比率高达 94.87%，无固定职业者仅有 4 人。高就业率反映出当前经济高速发展的北京需要大量的外来劳动力。据北京市相关部门的统计数据，近十年北京市的 GDP 总量以每年平均两位数的速度增长。这必定随之带来更多的就业机会，外来劳动力仍未饱和。

（1）职业构成方面。职业构成大致分为三类。第一类是富有商人和投资者。他们收入颇丰，在市场经济条件下，即便没有北京户口也能拥有较高质量的生活，而且北京也在不断地出台相关政策吸纳这部分人口。第一类人约占 2.3%（见表 4-2）。第二类是组织内的中高级员工。这类"北漂"主要是来京求学后留京或京外精英调动进京，他们通过努力在京生活比较稳定，也享有一定的社会地位。如表 4-2 所示，国家机关及事业单位工作人口占 12.6%，专业技术人口占 20.7%。第三类是商业服务人员，他们

占比最大。相比他们的父辈，这些新生代流动人口不会再像其长辈那样进城干苦力、当农民工，但受自身条件限制，他们的就业范围只能局限在技术含量较低的低端服务行业和低端生产领域，如餐饮、商贩、家政、保安、装修、运输等工作。他们大多数没有北京户口，没有完善的社会保险，因而就业成本较低，也是外来人口的多数，占高达 64.4%。

（2）工作时间方面。调查表明，每天工作时间为 8 小时的占 52%，小于 8 小时的占 15%，大于 8 小时的占 33%。如果加上平均 52 分钟的上班通勤时间，每个外地人的上班时间还要再多加将近一个小时。若减去午休 2 小时和晚上平均 8 小时的睡眠时间，每个外地人每天可自由掌握的时间均值为 4 小时。

表 4-2　新生代来京流动人口的职业情况统计

职　业	频数	百分比/%	有效百分比/%
国家机关、党群组织、企事业单位负责人	2	2.0	2.3
专业技术人口	18	18.0	20.7
公务员、办事人口和有关人口	9	9.0	10.3
经商/投资	2	2.0	2.3
商贩	2	2.0	2.3
餐饮	3	3.0	3.4
家政	1	1.0	1.1
保安	5	5.0	5.7
装修	3	3.0	3.4
其他商业服务业	23	23.0	26.4

续 表

职　业	频　数	百分比/%	有效百分比/%
运输	2	2.0	2.3
建筑	2	2.0	2.3
其他生产运输设备操作人口及有关人口	2	2.0	2.3
无固定职业	4	4.0	4.6
其他（学生）	9	9.0	10.3
系统缺失	13	13.0	
合计	100	100.0	

2. 住房方面：住宿条件较差

当问及“目前的住房性质”时，受访者中的86%回答“租房”，11%回答“自购房”。较高的租房比例反映出当前大多数来京新生代流动人口居住压力很大，难以短时期内在京获得属于自己的住房。当问及“目前的居住形式”时，有9.7%的受访者表示“与合租者合住”，他们需要与其他人共同分担北京高额的房租并忍受不能与家人在一起的煎熬。问及“目前每月房租”时，月租在“1～999”元的有43人，占租房者的比重高达55.84%（见表4-3）。在“58同城”北京站中搜索月租1 000元以下的住房主要是五环外的单间、郊区的一居室、市区的床位、地下室、隔断间等，这类住处往往空间狭小、房间拥挤、环境卫生较差。可见，大多数外来人口在北京的居住条件不容乐观。尽管如此，有受访者表示，现在连这种房子都越来越难以租到了，以致日益住到城市的边缘，成为城市的“边缘人”。

表 4-3　受访者每月房租情况统计

月租金/元	频率	百分比	有效百分比
0	16	16.0	17.2
1～999	43	43.0	46.2
1 000～1 999	22	22.0	23.7
2 000～2 999	8	8.0	8.6
3 000～3 999	4	4.0	4.3
系统缺失	7	7.0	
合　计	100	100.0	

3. 收入水平：分化日益突出，但多数为中低收入者

表 4-4 显示，当前新生代来京流动人口月总收入大多在 8 000 元以下，其中月总收入在“0～3 999”的占 30.4%，“4 000～7 999”的占 40.2%，两者之和占到受访者的 70.6%，8 000 元以上者仅占 29.3%，其中 12 000 元以上的更是仅占 13%。结合人口流出地与北京的平均工资及其生活成本比较发现，一方面，流动人口可获得比在原籍更多的收入，这也是其来京择业的主要原因；另一方面，多数流动人口在京的生活比较艰难。问卷中关于“当前理财方式”的调查结果也印证了这点。据受访者回答，有理财行为的仅占 20%，80%的人没有进行任何理财，因为他们并没有余钱可以进行理财，甚至 29%的低收入者在解决完吃、住、行和给家乡亲人的生活汇款之后已基本无存款。经济原因是人们选择在北京工作的首要因素，但如果无法保障物质的基本需求，他们就难以久留京城。如若这种状况不发生改变，这些人可能会在一定时期后选择离开北京。

表 4-4 新生代来京流动人口的月总收入程度统计

月总收入/元	频数	百分比/%	有效百分比/%
0～3 999	28	28.0	30.4
4 000～7 999	37	37.0	40.2
8 000～11 999	15	15.0	16.3
12 000 以上	12	12.0	13.0
系统缺失	8	8.0	
合　计	100	100.0	

（三）当前来京新生代流动人口的社会情况

1. 社会保障：大多无“五险一金”

调查显示，受访者当中 37%的人有养老保险，42%的人有医疗保险。这意味着还有超过 50%的在京流动人口无北京市的基本社会保障，在国家大力推进城乡社会保障体系建设的过程中，这部分流动人员由于受制于当前的城乡、城城的多元分隔障碍，难以被覆盖。这也解释了为什么多数受访者表示在北京高强度的工作与生活压力下，他们缺乏必要的安全感和归属感。有学者指出，“一个国家的发达程度和文明程度很大程度上取决于这个国家的社会福利制度是否健全和完善，同时，享受社会福利也是每个公民的基本权利”①。当这些外来人员选择了在北京生活，并且将自己的青春和宝贵的生命献给这片土地时，他们就应该获得基本的社会保障权利，这也是北京持续健康发展的必要保障。

① 戴荣里．北京市外来务工人员对城市安全的影响及对策［C］//2012 城市国际化论坛——世界城市：规律、趋势与战略选择论文集，2012：307.

2. 社会生活：相对匮乏

调查人口中，参加过社会和社区活动的人数只占到了23%。也就是说，高达77%的受访者并没有参加过北京的任何社区活动。可见，外地人在京的社区活动十分匮乏。如果社区服务做得好，让外地人在工作之外有更多的机会参与到当地的生活中，会使他们增强主人翁意识，更有利于他们进一步融入北京。

如图4-1所示，就受访者的人际交往而言，大多数人的交往对象主要是同乡，占到54.22%。不过，我们也发现38.55%的受访者的经常交往对象中有北京人，这意味着外来人的交往对象逐渐摆脱单一化的老乡模式，这对其融入北京社会生活有利。当问及“是否认为北京人看不起外来人”时，仅有28.6%的调查对象认为本地人排外，多数觉得自己和北京人相处较为融洽。人际关系的融洽直接影响外地人在京的融入感，本地人对外来人投以更多的关心和友谊，必定对北京构建和谐的城市氛围起重大的积极作用。

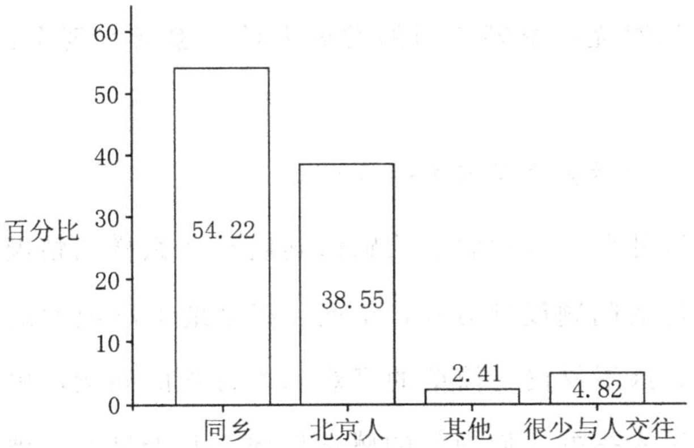

图4-1　受访者的交往对象

（四）当前来京新生代流动人口的价值取向

1. 来京原因集中为收入、资源、教育因素

当谈及“离开家乡的原因”时，41％的受访者选择了“老家无合适的工作”，25％的受访者选择“外出学习技能”，27％的受访者选择“不喜欢老家生活”。当谈及“北京对他们的吸引力”时，排在前四位的回答依次是“收入高”“工作机会多”“发展前景广”和“教育条件好”，分别为28％，21％，21％，10％。北京是全国的政治、经济、文化中心，无疑具有大多数人所羡慕的得天独厚的优势资源。然而，深究其背后的原因则不单单在于北京的政治、文化、经济发达，还在于“我国现实国情中城市与城市之间、城市与农村之间经济发展水平差距过大，人民收入的贫富差距过大，教育资源分布不公平，基础设施条件不完善等一系列全国发展中存在的问题”。尤其是北京周边地区与北京的差距较大，导致周边地区的人口不断涌入北京。因此，真正解决好北京外来人口问题，不仅要立足于更好地开发北京的现有资源，更要树立全局眼光，统筹全国的发展大计，逐渐实现全国同发展、共进步。

2. 对北京的感情呈双重性特点

为了解外来人口对北京的感情到底是什么样的情况，我们通过层层递进的问题设计方式，全面、深刻地了解他们对于北京的真实感情，这不仅仅是简单的喜欢和不喜欢的问题，更可以从不同的侧面深入挖掘人们内心的感情取向。调查显示，被访者当中有91％的人关注北京的变化，90％的人喜欢北京，89％的人愿意

成为北京市民，75%的人愿意把户口迁入北京，55%的人想在北京长期居住。被访者的回答随着问题的设计，“愿意”程度层层递减，这暴露了外来流动人口对北京感情的矛盾性、双重性：一方面喜欢北京，另一方面又犹豫是否真的留在北京。留下或者离开，已经成为萦绕于大多数在京外来人口心头的一个问题。

3. 对下一代的愿望：在更好的环境下成长

“望子成龙”“望女成凤”“一切为了孩子”是中国家庭的基本观念。通过对“您期望子女以后在哪发展”的调查，可探知人们心底最美好的愿望和想法。期待子女留京发展的回答人数排名第二，占到了20%，在答案中排名靠前，但是出乎意料的是人们对子女的希冀中排名第一的选择是“去国外”，占到24%。选择让孩子去国外的不单是那些高学历、高收入人群，还有相当一部分是一些中低收入者。对于这些中低收入者，连他们自己去国外都是一件遥不可及的事情，但他们已经想到期待孩子去国外成长和发展，这看似矛盾的事情恰恰透露出他们共同的初衷：去一个（听说）更加碧水蓝天、更加生活舒适的绿色环境下成长。关于“在北京感觉最不幸福的事情是什么”的调查也佐证了这点，大多数受访者表示“环境空气差”“竞争压力大”“交通拥堵”“户籍障碍导致的不公”。这些“北京病”已经给人们造成影响，并且人们认为短期内难以解决这些问题。因此，对于北京的失望越发明显。如何打造一个更加和谐宜居的北京，让人们真正感受到幸福，让祖国的下一代在这个幸福的城市下茁壮成长并贡献自己的力量，已成为当务之急。

三、几点思考

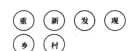

（一）关于新生代流动人口在京融合现状的基本判断

1. 来京新生代流动人口社会融合主要受个人特征、经济因素和制度安排的影响

研究表明，新生代流动人口的社会融合是由个人特征、经济因素和社会因素等诸多因素所决定的复杂过程，其社会融合水平受到性别、年龄、教育程度、职业状况、月总收入、住房性质、住房形式、社会保险、婚姻状况、公共服务、社会活动、人际交往等关键因素的影响，但这些因素又具有交叉作用，共同制约着来京新生代流动人口的社会融合情况。

个人特征与新生代流动人口社会融合有着密切的联系。如未婚人口比已婚人口的社会融合度高；女性比男性的社会融合度高；受教育程度高者比受教育程度低者的社会融合度高。

经济因素对新生代流动人口社会融合影响最为复杂，表现出非单一的线性关系。一方面，就业人口比未就业人口社会融合度高；国家与社会管理者或经理人、企业主比工人、商业服务业员工社会融合度高；拥有自住房者比租房者的社会融合度高；高收入者比低收入者的社会融合度高。另一方面，经济因素（特别是收入水平和职业状况）对制度因素、个人因素产生显著影响，调查表明收入水平高和职业状况良好者基本上都办理了居住证、签订了劳动合同、拥有社会保险等，获得了较好的公民权益。

制度因素对新生代流动人口社会融合有显著影响。拥有户口、居住证及社会保险等因素与其社会融合度呈现正相关。相较其父辈而言，新生代流动人口有着强烈的社会融合意愿，但现有的制度安排在一定程度上阻碍了其社会融合的步伐。新生代流动人口能否实现社会融合首先需要的是给予他们政策上的支持，如果不解决政策上的公平问题就难言实现真正意义上的社会融合。

2. 新生代流动人口社会融合度较高，但融合质量有待提高

调查显示，在北京的新生代流动人口社会融合正在稳步提高，这主要是因为北京有着相对公平的竞争环境、相对规范的制度、较大的发展空间。这从近年来人们离开北京又返回北京的理性选择中也可以看出，北京确实为大多数新生代流动人口提供了相对较好的生存与发展环境。

但一个现实是，在京新生代流动人口内部的分化日益严重，其在京的社会融合水平的差距不断扩大。新生代流动人口中的精英群体或许和本地居民基本上融合了，但其中的弱势群体的融合水平就较低。这种内部差异较大的社会融合水平，其质量有待提高。另一个现实是，就社会融合的不同维度而言，社会接纳维度较高，而文化与心理融合维度较低，这也表明了新生代流动人口的社会融合质量不高。政府导向型的干预不仅要在完善社会保险、规范就业市场等政策方面做出有益的探索，也要更多地考虑到新生代流动人口内部的差异和各个维度之间的差异，政策的实施对象应当向新生代流动人口中的弱势群体倾斜，还要更多地关注文化与心理维度方面。

（二）推进来京新生代流动人口社会融合的必要举措

1. 积极引导，分类推进

对于外来的精英分子，如高学历者、投资者、特别技能者，

要完善人才制度，减少政策壁垒，减轻其在京生活的人为压力，真正让这些外地人口获得与本地人同样的就业、创业机会，维持公平的人才竞争环境；要出台协同政策，降低自主创业、设立小微科技企业的门槛，支持他们发展高新技术或创意产业，“让一切创造财富的源泉充分涌流，让知识在这里碰撞产生出知识革命的火花，以知识、科技推动自主创新，全面提升北京的自主创新能力”①，增强北京的综合实力，推动北京经济发展、社会进步。

对于占多数的弱势外地人口，特别是农民工，要公平对待，合理引导，完善管理，搞好服务；取消对其进城务工就业的不合理限制，切实解决拖欠和克扣其工资问题，改善其生产生活条件；要做好在京低学历的外来人口的培训工作，积极发展各种劳务中介组织，逐步形成城乡统一的劳动力市场；要健全进城务工人口的劳动合同管理，维护他们的合法权益；要多渠道安排外地务工人口子女就学；要认真清理对外来人口进城务工的不合理限制和乱收费，纠正简单粗暴地清退外来务工人口的做法。在京低学历的外来人口，特别是农民工参与到北京的建设中、融入北京的生活中，不仅有利于农民增加收入，而且可以方便北京居民的生活，增强北京经济的活力和竞争力，统筹城乡协调发展。

2. 深化改革，整合推进

一是加快户籍制度改革，尽快取消已经被形势发展所诟病的二元户籍制，统一登记为居民户口，建立“与统一城乡户口登记制度相适应的教育、卫生计生、就业、社保、住房、土地及人口

① 侯亚非，德挺．北京市外来人口特征变化分析［C］//和谐社会：自主创新与文化交融——2006 学术前沿论坛论文集（上卷），2006：291.

统计制度，扩大义务教育、就业服务、基本养老、基本医疗、住房保障等城镇基本公共服务覆盖面”[①]，以人为本，依法保障公民权利，努力实现外来人口更好地融入北京。

二是健全社会保障体系，特别是直接关系外来人口生活状况的养老保险、医疗保险、工伤保险、失业保险、社会救助、住房保障和职业能力培训。由于户籍等相关制度难以在短时期内彻底改革，未来要进一步深化改革，加强顶层设计，做到社会保障制度与户籍制度的逐渐分离，建立独立的全国性社会保障体系，实现社会保障一卡通。

三是加强劳动保障，特别是工资和劳动时间问题。要着力提高外来人口特别是农民工的工资水平，要提高重度劳动行业、艰苦行业从业人口的工资水平，加大对这些行业人口的劳动保障，增加补助，确保其健康权利不受损害；要严格遵守国家最高劳动时间规定，建立健全 8 小时工作时间制度，保障劳动者的合法权益，尊重和保障劳动者休息休假的权利，推进实施职工带薪休假制度。

四是优化后续学习机制。鉴于未来的社会是学习型社会及个人特征对新生代流动人口社会融合的重要性，需要不断优化他们的学习环境，创造条件促进其不断地提高个人的教育水平，实现人力资本增值。

北京是我国的政治、经济和文化中心，是每一个人都为之向往的地方。它吸引着来自祖国各地的人们到这里来工作、学习和生活，来这里寻找自己的梦想、实现自己的梦想，他们为实现

① 乔晓春．北京市人户分离人口状况分析及户籍制度改革的设想［J］．人口与发展，2008，14（2）：2—14.

“个人梦”“北京梦”“中国梦”而努力奋斗着。外省市新生代流动人口为北京的持续发展注入了活力。为北京长远发展计，为北京首都的性质计，为中国特色社会主义前途计，为国民基本权利计，北京及其利益攸关方都应站在历史的高度促进北京的社会融合。让外省市新生代流动人口融入北京任重而道远，需要各方面共同努力。我们坚信，假以时日，北京的社会融合一定会更加完美，成就“北京梦”，将北京建为我国的首善之区，并为“中国梦”的实现贡献力量！

赣村第二代农民工的前途未卜

1978年改革开放以来，特别是1992年之后，全国各地大量的农民到城市尤其是沿海开放城市务工经商，开启了我国轰轰烈烈的城镇化进程。经过30余年，第一代农民工已经陆续步入年老回乡潮，当前在城市的农民工主要是第二代，即基本上是1985年至1998年间出生的青年农民工。他们是有别于其父辈一代的城镇建设参与者。笔者试着通过分析赣村第二代农民工[①]的前程来探寻我国中部农村第二代农民工的未来命运。

一、第二代农民工的生存现状

第二代农民工是当前我国城市建设的重要生力军。与他们的父辈相比较，他们身上折射出了我国这些年的发展历程，具有这个群体独特的生存现状。

第一，他们中不少人都不是在农村出生的，很多都是在父母打工地所生，并在那里长大。农村老家对于他们来说更多的是一

① 这里分析的是赣村第二代农民工。赣村当前的青年大致可以分为两种：第一种是随着其父辈即第一代农民工的发家致富，已经逐渐脱离了农民的身份，随着户籍制度的放开，他们逐渐实现了身份上的转变；第二种相对没这么幸运，这一类青年仍然难以实现身份的转变，但又很难返回乡村。我们这里，探讨的就是第二种情形。

种符号意义上的家乡。

第二，他们中的多数人并不会干农活，很少有人亲身干过，甚至没见过耕种、收割等农活是怎么干的，对于农村的理解也仅仅存留在春节等少数概念之中。

第三，无论是农村家乡还是父辈工作地，在第二代农民工的成长经历中可能并不是美好的，一些挥之不去的阴影可能造成其无论对农村还是对城市的好感度都并不高。

第四，由于"农二代"的身份限制、家庭经济水平的不理想及家庭教育的缺失，他们可能总体上的受教育水平有限，综合素质难以适应现代城市发展的需要，获得较好的工作机会的可能性不大。

第五，从父辈那里获得的社会资本相对较少，也没有历练出相对广阔的视野和较全面的综合素养。

第六，相比第一代农民工，第二代农民工的受教育水平总体上要高。据国家统计局数据显示，2014 年在外出农民工中，未上过学的占全部外出务工的 0.9%，小学文化程度的占全部外出务工的 11.5%，初中文化程度的占全部外出务工的 61.6%，高中文化程度的占全部外出务工的 16.7%，大专及以上文化程度的占 9.3%，高中及以上文化程度的农民工占全部农民工的比重为 26%，接受过技能培训的农民工占全部外出务工的 34.8%，其中接受非农业职业技能培训的占 32%。① 2009 年在外出农民工中，文盲占 1.1%，小学文化程度的占 10.6%，初中文化程度的占 64.8%，高中文化程度的占 13.1%，中专及以上文化程度的占

① 参见国家统计局农村司．2014 年全国农民工检测调查报告［EB/OL］．http：//www.gov.cn/xinwen/2015-04/29/content_2854930.htm.

10.4%，高中及以上文化程度比重为23.5%，从2009年外出农民工接受技能培训的情况看，51.1%的外出农民工没有接受过任何形式的技能培训。文化程度越低，接受过技能培训的比例也就越低，在文盲及半文盲农民工中，接受过技能培训的占26.3%，小学文化程度的农民工接受过技能培训的占35.5%，初中文化程度的农民工接受过培训的占48%，高中和中专以上文化程度的农民工接受过技能培训的比例分别为54.8%和62.5%。[①] 数据对比说明，尽管第二代农民工仍以初中及以下文化程度为主，职业技能水平有待进一步提高，但是相对第一代农民工，他们的文化和职业教育水平已有较大提高。

二、第二代农民工的鲜明特征

第二代农民工是农民工中的新生力量。一方面，因其与第一代农民工同处城乡二元结构的社会大背景下，面临着共同的社会境遇；另一方面，又因其出生成长于改革开放的时代背景下，而明显带有不同于第一代农民工的时代烙印。再者，他们所处的特殊人口年龄阶段又使其身上呈现出同龄青年人共有的人格特征。

第一，时代性。第二代农民工处于整个国家社会转型的历史时期，物质生活的逐渐宽裕使他们的需要层次由生存型向发展型转变，他们不同于第一代农民工为了生存而外出，他们更多是把进城务工看作谋求发展的途径，看作个人人生价值实现的大舞台。

① 国家统计局农村司. 2014年全国农民工检测调查报告［EB/OL］. http: //www.stats.gov.cn/ztjc/ztfx/fxbg/201003/t20100319_16135.html.

他们不仅注重工资待遇，而且也注重自身技能的提高和权利的实现，看重发展空间。现代大众传媒和互联网技术的进步使他们能够更加便利地接触到现代文化，形成不同于第一代农民工较为单一的价值观，他们拥有多元的价值观与开放式的新思维，成为城市文明、城市生活方式的向往者、接受者和传播者。

第二，发展性。第二代农民工年龄大多在18岁至28岁，这个时期他们的思维、心智正处于不断发展、变化的黄金阶段，因此他们的观念亦处于不断发展、变化之中，对许多问题的认识具有较大的不确定性。他们绝大多数未婚，他们的择偶观既不同于第一代农民工，又不可能像城里人一样，面临着现实的困境，他们往往在城乡之间徘徊，也必然要承受许多可以预见及难以预见的人生经历和变化。他们大多是刚从校门走出，具有一定的理想性和人生追求，但是他们的职业生涯才刚刚开始，职业道路尚处于起步阶段，在职业发展上也存在较大的变数。

第三，双重性。相比第一代农民工更为清晰的农民身份意识，第二代农民工处于由农村人向城市人转变的过程之中，身份意识较为模糊，兼具城市工人的工作身份和户籍管理的农民身份。从谋生手段来看，他们靠务工为生，重视劳动关系、工作环境，看重劳动付出与劳动报酬的对等，关注工作条件的改善和工资水平的提高，具有明显的工人特征。但是，受城乡二元体制的限制，他们的制度身份仍旧是农民，作为农民的后代，他们不可避免地保留着一部分农民的特质。

第四，边缘性。第二代农民工生活在城市，心理预期高于第一代农民工，耐受能力却低于第一代农民工，对农业生产活动不熟悉，甚至没有农业生产经历，在传统乡土社会中处于边缘位置。

同时，受城乡二元结构的限制与自身文化、技能的制约，他们在城市中难以获取高稳定、高收入的工作，也缺乏机会真正融入城市主流社会，处于城市的下层，甚至是底层。因此，他们在城乡两端都处于某种边缘化或被边缘化的境地。

三、第二代农民工的前途不容乐观

在当前竞争日趋激烈的大环境下，结合第二代农民工的特点，让我们不禁担忧着第二代农民工的未来前程。

第一，第二代农民工的受教育水平普遍较低。从赣村现状可知，大部分第二代农民工在年幼的时候，由于其父母在外打工，要么成为留守儿童，要么成为流动儿童。留守儿童一般是由爷爷奶奶或者外公外婆带大，接受着隔代教育，虽然物质上得到了基本的保证，但祖父辈受其自身学识水平、生存压力等的限制，对留守儿童的身心发展、教育缺乏必要的关心，造成留守儿童学业多有荒疏。流动儿童由于城乡壁垒，能在流动地上学并不容易，上的也多是层次比较低、条件比较差的民工子弟学校，教育质量相对较差，而且受到其父辈频繁更换工作地点的影响，甚至造成刚适应一个环境又要适应下一个新环境的情况。由此，无论是留守儿童还是流动儿童，能上完高中的就不错，读完高中能考上大学的就更少。他们大多都是初中毕业之后就去外面闯荡，然而由于受教育水平所限，其职业技能缺乏，在城市很难找到较为体面的工作，一般只能继续延续其父辈曾经从事过的建筑、矿产挖掘、餐饮、运输、保安、家政、商品批发、装修、家具制造、工厂流水工等工作。总体上来讲，这类工作比较累人，需要付出大量的体力，工资水平一般，工作的保障也相对有限。这类工作极易让第二代农民工倦怠，跳槽成了第二代农民工的常态。较为频繁的跳槽使其难以在一个行业扎根，获得经验的积累和能力的提升，阻碍了其长远的发展。

第二，第二代农民工的吃苦耐劳精神普遍较弱。第一代农民工由于是带着发家致富的梦想离开农村去城市的，他们只要有口饭吃，就能拼命地工作，非常能吃苦，非常能忍耐，非常能节俭，对于工作中的劳累程度有较高的耐受能力。同时，因为他们并不指望一定要留在城市，只是希望能够通过自己的吃苦耐劳、勤俭节约赚到一定数量的钱，为子女提供一个更好的未来，自己年老后还是回乡养老，这样一来，对城市的期待并不高，反倒更能满足、更加舒畅。但是在第二代农民工中，他们要么是留守儿童长大的，要么是流动儿童长大的，对于城市和乡村都无明显的情感归属，尤其是那些在城市长大的“农二代”，对于乡村缺乏认识，也无在乡村生活的体验和基本的农业技能。但是他们又明显没有其父辈一代能吃苦，他们希望不用像父辈那样辛苦但又能赚得多。他们是游离于城乡之间的一个群体，为社会的稳定发展带来风险，急需全社会予以关注和疏导。

第三，第二代农民工能够获得的社会资源较少，而且其缺乏较高水平的社会资本整合能力。经过数十年的改革开放，如今我国面临着一个不可回避的难题，就是社会阶层日益分化，且呈现出阶层之间流动性减弱甚至阶层固化的现象。一方面，第二代农民工可以从父辈中得到的代际传递资源相对缺乏。作为第二代农民工，他们由于缺乏作为第一代农民工的父辈的资料以及资源传递，多数人不可避免地步入父母的老路到城市打工，然后依然在繁华城市的边缘被挤压。另一方面，第二代农民工除了缺乏父辈财富性资源代际传递，更为重要的是，因为在成长过程没有机会得到父母耳濡目染的熏陶和行为方式的训练，造成视野、人脉的匮乏，更不知道如何整合社会资源。

第四，第二代农民工既回不去农村老家又难以在城市安家。无论是作为留守儿童长大还是作为流动儿童长大，这一代农民工对于农村的理解更多的是一种概念，而不是一种生产生活方式。同时，对于流入的城市也缺乏足够的认同感。腾讯网“流动中国”策划专题指出，“新生代农民工有务农经历的比例整体不高。尤其是曾随父母外出的流动一代，他们中有务农经历的比例不足一半。不熟悉农村生产、生活，又疏离于农村社会、文化，他们身份认同更为模糊，既不认同农民的身份，又不倾向将自己归属为工人”①。对自身身份认同模糊，缺乏明确的身份意识，是这部分人群的典型特征（表 4-5）。他们向往城市，却不被城市所接纳；他们根在农村，却对农村日益疏远。对他们而言，城市意味着一种新的生活方式，意味着不一样的前途、不一样的命运。他们希望通过进城务工经商，告别祖祖辈辈“面朝黄土背朝天”的生活。外出的经历更让他们深刻地体会到城乡之间的巨大差距，发出“死也要死在城市”的心声。但是城市高昂的生活成本、严格的户籍制度、冷漠的社会歧视等一道道有形无形的门槛不断粉碎着他们的城市梦。城市文化的耳濡目染又不断消解着他们对家乡存有

---

① 儿童留守还是随迁，未来或许并无不同［EB/OL］. 腾讯网“流动中国”策划专题，https：//open. weixin. qq. com/connect/oauth2/authorize? appid＝wxabf7956d52750cd-9&redirect _ uri＝http%3A%2F%2Fimp. qq. com%2Fweixin%2Factivity%3Fenaccount%3Dcross%26appid%3Dwxab956d52750cd9&response _ type＝code&scope＝snsapi _ base&state＝ce8402997e0ca4481e289093f752782b#wechat _ redirect.

的情感认同和社会记忆，生活方式的巨大差异也使他们渐渐不再适应农村的生产生活方式。正如史靖在其《绅权的继替》一文中所言："这是既不肯回也弄得不能回去了。"他分析认为，"第一，他们不能适应乡村的生活；第二，他们不能适应乡村社区中人事的环境；第三，大家挤向都市的时候，从都市里退避出来不免意味着一种失败被淘汰的遭遇，他在乡里人士的心目中暗地或半公开地要感到自尊心的损害；第四，多年教育的结果使一个人的内容和形式都有些改变，从都市里带回的生活习惯固然和家乡人格格不入，从新式教育中所吸取的知识思想意识，更要和传统发生冲突"①。史靖的分析细微入理。总之，比起第一代民工，第二代农民工真正成了既融不进城也回不了乡的"边缘人"，或者是成为被夹在城市和乡村之间真正的"两栖人"。

表 4-5　认为自己的身份属于 %

	农民	工人	其他	说不清楚
"流动一代"	12.35	43.21	11.11	33.33
"留守一代"	16.01	54.98	6.65	22.36

注："流动一代"是指曾有流动儿童经历的新时代农民工；"留守一代"是指曾有留守儿童经历的新时代农民工。

四、第二代农民工实现梦想的可能

当前，我国正在大力推进"中国梦"的伟大实现。习总书记说，"中国梦"是每一个中国人的梦想，"中国梦"就是要让每一个中国人

① 史靖．绅权的继替［M］∥费孝通，吴晗．皇权与绅权．北京：生活·读书·新知三联书店，2013．

过上好日子。第二代农民工也必然有着自身的梦想。应该说，让第二代农民工实现自身美好的梦想，是有利于国家、社会及其自身的。但要完全靠其自身的努力是远远不够的，需要国家、社会的共同参与、协同推进。以下我们将讨论除第二代农民工自身之外，国家和社会要为他们做些什么。

第一，要尽可能地减少城乡制度性壁垒。一是减少第二代农民工的下一代在流动地的制度性生存成本。不少第二代农民工的小孩都在3岁至10岁，这类小孩需要在第二代农民工的工作地接受义务教育，国家要做好制度改革，推动城市积极接纳这部分第三代流动儿童，以减少第二代农民工的后顾之忧，及缓解其在自身成长过程中本已积蓄的不满和当前工作中所遇到的积怨和不畅。二是根据实际情况，制定最低工资标准，让其能够有一个至少可以保障其在流入地生活的基本收入。三是将第二代农民工纳入流入地的社会保障体系中，督促雇主为他们缴纳基本的社会保险，条件允许的地方要将第二代农民工纳入城市住房保障体系，让其可以租住公租房。

第二，要尽可能地提供再教育及再培训的机会，特别是职业技能培训。当前，我国正处于经济结构转型时期，需要大量高技能的熟练工。第二代农民工由于学历限制，一般只能从事一些处于中低端经济链上的工种，因此非常有必要进行职业培训。政府和社会力量可以通过定向培训或岗前培训的方式，帮助其提高劳动技能，增进工作熟练程度，提高劳动效率，以获得更好的工作机会，尽可能地让第二代农民工有流动及上升的机会。

第三，要尽可能地实现第二代农民工的城乡融合以及社会融合。第二代农民工的城乡融合以及社会融合是我国城镇化加速推进背景下的关键，离开了良好的城乡融合和社会融合，会使城市发展、乡村发展和第二代农民工的市民化都受到限制。为此，一是要对第二代农民工进行城市文化理念的培育，让其更好地理解城市文化，适应城市的生活方式，将城市的社会文化内化为自己的行为模式，以防止出现"文化堕距"[①]。二是要让城市社区接纳第二代农民工，让其能够与社区有效互动，参加社区的基本公共活动，慢慢成为社区的一分子。

第四，要为第二代农民工的创业提供必要的小微金融扶持。第二代农民工相比第一代农民工有着更加广阔的视野和火热的激情，也具备一定的创业能力，特别是开办一些小微型店面等创业。但是由于其获得原始资本积累较难，政府和社会力量有必要为其提供一定的帮助，资助形式上也要结合第二代农民工的特点，更加灵活一些。

① 美国社会学家 W.F. 奥格本在1923年出版的《社会变迁》一书中首先提出"文化堕距"概念，他用这个概念来说明在社会变迁中由于社会各部分变化的速度不同而产生的种种问题。奥格本认为，在社会变迁的过程中，物质文化与科学技术的变迁速度往往是很快的，而制度与观念等部分的变化则较慢，这就产生了一种迟延现象。他认为，有的迟延现象可延续较长的时间，有时甚至达数年之久。这种迟延产生的差距即"文化堕距"。

破解农村大学毕业生就业困境的思考

在知识经济时代，文化作为一种资本，可以和政治资本、经济资本相互融合。高等教育处于国民教育体系的高端，于国家可促进科技发展，增强综合国力，具有维护社会稳定之功效，于受教者具有增强其综合素质，转变其生活方式，提升其潜在身份地位，增加社会流动性等作用，因而受到日益普遍的重视。但这更发源于“书中自有黄金屋，书中自有颜如玉，书中自有千锺粟”的功利主义思想的影响。当高等教育成为“大众消费品”、就业问题日益凸显时，读书的价值受到怀疑。新的“读书无用论”泛滥农村及城市底层。诚然，目前的高等教育发展存在诸多不足，但这并不能成为我们否定高等教育的理由。21 世纪综合国力的较量取决于科技水平的较量，科技水平的发展立足于高等教育的发展。没有强劲的高等教育，综合国力的提升将无从谈起。自 1999 年大学扩招以来，我国高等教育取得了令人瞩目的成绩。但学科设置问题、学术腐败问题、学术不端与创新乏力问题，以及大学生自杀问题、毕业生就业问题等各种问题也日益凸现。诸多的问题彰显出反思现行高等教育发展的必要性与重要性。为此，本书在现实语境下对当前大学毕业生的就业难题做出一番思考。

一、毕业生就业难的影响因素

就业是大学生学有所用、实现自我价值与服务社会的前提条件，是高等教育效能发挥与获得认可的核心指标，是国家稳定、社会进步与经济发展的关键所在。因此，避免或缓解就业压力是整个社会都关心的大事。因而要分析就业难的原因，从源头上寻求突破。目前来看，毕业生就业难受社会制度、管理机制与思想观念等因素影响。具体分析如下。

（一）社会制度结构因素

（1）高校扩招埋下潜在失业的可能。自 1999 年起，我国高等教育实行了一系列的改革。其中影响深远的有两点：一是就业时的双向选择，二是大学扩招。如图 4-2 所示，2001 年我国高校毕业生为 114 万人，2015 年增加至 749 万人，15 年间翻了近 7 倍。绝对数字的迅速膨胀必然让社会需要一个适应过程，所以出现摩擦性失业和结构性失业。事实上，近年来全国高校毕业生日益增加的失业人数也正反映了这个严重的现实。有关数据显示，2001 年 34 万毕业生失业，2002 年 37 万，2003 年 52 万，2004 年 69 万，……，2011 年约 117.43 万，……，2015 年约 149.8 万人。扩招在增加就读机会的同时也潜含了更多的失业可能。

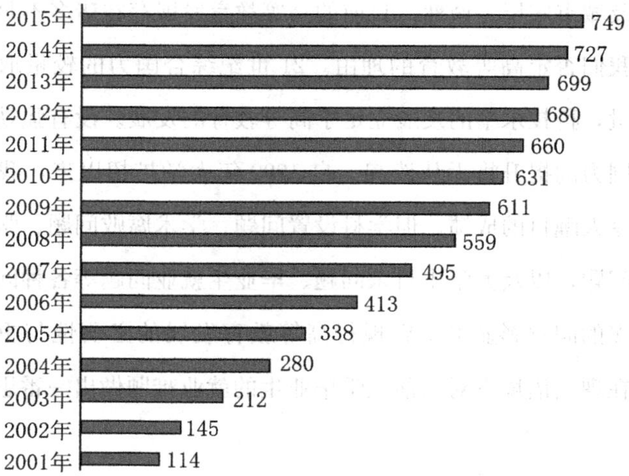

图 4-2　2001～2015 年全国高校毕业生数量（万人）[①]

① 2001—2015 年全国高校毕业生人数［EB/OL］. 中国教育在线 .（2014-12-05）［2015-01-16］. http：//career. eol. cn/kuai _ xun _ 4343/20141205/t20141205 _ 1209695. shtml.

（2）国际分工与经济结构不利地位的影响。经济全球化使得中国更加融入世界，世界也更加需要中国。但在目前的国际分工体系中，我国处于国际分工的底部，新增加的就业岗位主要分布在劳动密集型领域，使得中国就业上呈现“白领需求不足”的状况。特别是在当前经济危机的情况下，外资竞相压缩在中国的研发和管理部门，而中国的企业创新性不足，不需要太多的高教育人才。这一问题的存在，使得中国大学生就业岗位与扩招之后的庞大毕业生数量之间形成刚性矛盾，导致高校毕业生无业可就。

（3）用工制度、户籍制度等就业制度的弊端。在我国目前多元的廉价劳动力市场格局下，劳动者在劳资博弈中处于弱势地位。多数私营企业用工制度极不合理，不但不和员工签订劳动合同，而且社会保险、养老金、公积金等一系列社会保障也没有。另外，一些企业起薪较低且升幅不大，并伴有苛刻的罚款制度，让大学生难以接受。同时，用人单位在招人时追求实用和低成本，存在眼光短视和心态浮躁的情况，甚至设置经验、性别、户籍等障碍拒绝应届毕业生。此外，公共部门的就业制度也存在相当的不科学、不合理甚至不合法，造成了就业不公，更形成了不好的社会效应。

（4）就业渠道的限制。就业市场的不成熟、不完善，导致现有的就业渠道非常有限，无非是学校推荐、熟人介绍、校园和社会的招聘会、人才招聘网站、报考公务员等。但是，学校推荐或熟人介绍的一般是学生干部、表现优秀者或亲朋好友，报考公务员受专业、志趣、政治身份等限制，这些都只适合特定人群。对多数人来说，网站和招聘会才是最主要的就业渠道，这远远不能满足毕业生的需求。

（二）高校机制理念因素

（1）学科专业设置错位，培养水平不高。目前，相当多的高校在学科专业设置上存在盲目性、滞后性、趋同性等弊端，造成供需严重不平衡。有的专业毕业生供大于需，而有些社会需要的专业技能竟无人具备。文科教育更是急需改进，很多教学内容与现时代具体的社会经济现实不相匹配，致使学生经过数年的学习之后对于现实社会仍然缺乏独立的观察与思考，严重不利于学生的就业。沿袭应试教育培养出来的学生存在高分低能、眼高手低、理论扎实而实践不足等现象。此外，高职高专缺乏足够的办学特色和敬业精神，培养出来的学生既缺乏系统的理论功底，又缺乏必要的动手能力。而用人单位对应聘者的实际操作能力、适应工作环境变化的能力提出了越来越高的要求。

（2）高校的就业指导课多数形同虚设，学生缺乏必要的培训。不少企业拒绝承担毕业生就业时的“在岗培训”费用，招聘中普遍要求有“数年工作经验”。事实上，一个理工科毕业的大学生，需要在毕业后的工作岗位上经过一定时间的继续学习和实践操作，才能成为一个合格的工程师。要达到这一要求，只能是大学生个人及其家庭承担。而如果把“在岗培训”转移到学校里面去完成的话，在时间和金钱上都将是非常经济的。然而目前的高校就业指导与就业实习多数效果不佳。

（3）办学理念不清，导致大学精神消逝。当前，大学机构设置往往是行政为主、教学为辅。在早期，这种模式有助于集中力量办大学。但是发展到一定程度，这种机制不适时调整，就会压制教学和研究型教师的积极性和创造性，促使教授热衷于行政事务而不是教学科研，就会磨灭大学精神。苏格拉底说：“大学是自由、民主、培养精英的地方。”我国先哲曾参言简意赅地说道：“大学之道，在明明德，在亲民，在止于至善。”然而，先哲已逝。《从李湘的北大硕士文凭看中国现代大学教育之怪现状》《重点大学农村学生持续减少：出身越底学校越差》《名校农村生源减少，并非清华北大之错》等文章引发了公众对当前高等教育弊端的抨击与反思。在反思中发现，随处可见钱、权、色对教育精神的腐蚀，教育公信力与教育精神渐行渐远。社会对知识的不尊重已经到了极其危险的境地，建立求知求真的大学精神任重而道远。

（三）学生自身因素

(1) 期望与现实脱节。大学生在就业理念上也存在一些误区，如“宁要机关一个位子，不要民企一叠票子”“宁到外企做职员，不到中小企业做骨干”“创业不如就业”“就业难不如再考研”等。此外，据调查，目前约80%大学生的月薪期望值低于2 000元，但近六成的用人单位却认为大学生的期望过高，主要表现在薪酬、地域、职位要求、个人发展机会、假期要求、行业要求和专业对口等方面。这种尴尬的低工资难以满足高生活成本下毕业生的基本生存需要，难以形成足够的工作激励，结果必然带来就业的多次选择和用人单位对大学生的戒备心理，矛盾愈演愈烈。

(2) 求职技巧有待提高。部分学生在求职时往往表现得不够自信，过于紧张，回答问题时支支吾吾，没有展现出本来的实力。更有一些求职者面试时弄虚作假，诚实性不足，企图欺骗蒙混过关，而致面试失败。久而久之，用人单位也会觉得大学生缺乏诚信而对其丧失信心，造成两输的局面。

二、破解就业难题的几点思考

常言道，解铃还得系铃人。上文分析了当前我国高校毕业生就业难的影响因素。从这些因素出发，从源头上思考，必能有效化解当前的就业困境。

（一）国家应明确教育方针，宏观规划教育，微观放手教育

国家作为教育的核心主体之一，既是教育的执行者，也是教育的受益者。教育应该服务于国家利益，服务于国家发展需要。国家也应尊师重教，遵从教育发展规律，减少对教育的行政干预。如果大学在办学中受到国家权力的过多干预，大学就只能是一个机构的附庸。正如人民大学原校长纪宝成所言："由于权力的介入，大学一方面在政府部门面前大搞形式主义，另一方面又极力与市场靠拢，试图通过市场运作分得一杯羹，以达到资源分配与市场运作的通吃效果。显然，大学不仅在围着市场转，也在围着权力转。""大学围着市场转"只是大学"去大学化"的外在表现形式，而"大学围着权力转"才是大学成为市场经济附庸的根源所在。它的直接后果是，在政府部门行政干预权力过大、掌握着主要资源分配的时候，大学管理者往往会极力向行政权力靠拢，无休止地在行政评估、行政审批、行政审查中过日子，而抛却了大学的精神和使命。由此，一个以外行领导内行、以物质生产为标准的"去大学化"结构就此形成，大学功利主义倾向日趋严重也就顺理成章了。

这里也涉及如何正确处理教育与国家发展之间的关系问题。教育要服务国家需要，更要传承人文精神。国家也应为教育服

务，而且是实实在在的服务，而不是指令。教育制度要符合国家治理的需要，也要符合社会实际的需要。改革教育制度不能是武断的、形而上学的，要让教育的主体——学生有发言权。当发现（自觉发现和他觉发现）不足和缺陷时，要有勇气和胆识去改进。

（二）学生应格物致知、自立自强，争做时代脊梁

学生是学校的根本，经过几年的学习、陶冶，学生就是学校的“产品”，这个产品能不能经受住社会的检验，学校有很多事情要做，学生自己更是要好好地珍惜自己的美好青春。在学习期间，要积极地认识自己，热爱学习，发现自己的优势并认真地去开发它，让它为自己服务。不断地发现自己的兴趣，规划目标，并在执行的过程中去认识、修正，再执行。同时要自立自强，敢于挑战自己，善于挑战自己。让自己凝聚时代的精神，认真学习，踏实进取，做一个思想深邃、富于洞见和责任心的高级知识精英，有一颗服务于国家和社会的热心。

（三）高校应明确办学理念，寓教于学，寓学于道

清华大学百年校庆上，很多部门代表和知名人士都参与讨论了我国高等院校的发展方向问题。大学，首先要有明确的办学理念，要建成什么样的大学，培养什么样的学生，把教育作为它的“心脏”。行政当局要有良好的教育理念和献身精神，更要有充沛的精力和热情，组成一个精诚协作、宽容爱教的团体。让学生学到知识，学会为人，学会探索。根据每个人的不同情况，因材施教，既让每位学生在校园里茁壮成长，又支持其个性发展，将其培养成为国家需要的、具有良好综合素质的高层次创新型人才。十年树木，百年树人，对于人才培养，需要积累，不能急功近利。

同时，要做好师资引进和培养工作，大学没有大师，难以称为大学。要以开放的心态、自由的精神，吸纳世界优秀的学者和教师，造就具有独特竞争力的人文传承的学府重镇。

"大学之道，在明明德，在亲民，在止于至善。"作为一个学的场所，大学的责任就是创造出这么一种氛围：在其中可以明德、亲民，最终至善；在大学中的学子学人，要让自己明德、亲民，最终至善，并影响他人以至"达则兼济天下，穷则独善其身"。这是伟大的注解、和谐的诠释。作为晚辈学人应该怎样去捕捉，怎么去开拓呢？勇气，历史性的视角和前瞻性、国际化的理念，是我们内化并培育这种精神的根本。大学，只有有了它独特而持久的精神，才能够成就它自己，并造就它的学子。这种精神的培育需要国家的支持与宽容，也需要学子的继承与坚守，更需要学人的呵护与执着。

三、结语

当前高校毕业生就业问题已成我国实现高等教育深入发展、百姓安居乐业及构建和谐社会所亟待解决的一道难题。面对就业困境，不仅大学生个人难以调适，国家与社会也需要合理应对。这种调适的背后折射出急需加快经济结构的调整与社会制度的完善。在全面剖析农村大学毕业生就业难的原因后，笔者认为需要更加关注经济社会结构变迁下高等教育发展的滞后性与大学精神的重构性题解。在此基础上，提出了国家、高校及毕业生自身三方并举的源头破解之策。破解农村大学生就业难题需要远近结合，标本兼治。从根本上来说，还是要靠教育改革、人才培养模式改革，如果没有深层次的改革，仅仅要求高校重视人才的培养是远远不够的。同时，国家与地方政府出台鼓励大学生创业、就业的政策要真正“落地”，不能“悬在空中”好看不好用，造成整个社会人力资源的巨大浪费。毕业生自身要脚踏实地，敢于尝试，勇于迈出人生的关键一步。

第五篇

乡村教育

当前我国农村义务教育面临的挑战及其治理之策

教育是民族振兴和社会进步的基石。农村教育是我国教育的重要组成部分，在全面建成小康社会中具有基础性、先导性、全局性的重要作用。习近平总书记指出，“我们的人民热爱生活，期盼有更好的教育”，因此要努力“回应人民期待”，让每个人“学有所教”。习近平总书记进一步强调，教育使人民有更好更多的“人生出彩的机会”。在全力实现“两个一百年”奋斗目标之时，教育的重要性尤为突出。

一、办好农村义务教育的意义

值此我国由传统农业大国向现代工业化强国迈进的转型时期，在呼吁工业化、城镇化、农业现代化和信息化同步发展的背景下，农村义务教育的质量不仅是提高农村人口素质的关键，是“农民、农村、农业”现代化的主要途径，而且直接关系国家战略目标的成败。在此试图探寻农村义务教育中存在的问题及其解决途径，以培育现代农民，提升农村义务教育质量，推动农村、农业发展，为早日实现中华民族伟大复兴的“中国梦”而贡献力量。

（一）基于对当前农村义务教育存在问题的反思

城乡二元结构以及社会转型是当前我国的基本国情。由于教育自身对于政治经济的高度依附性，使城乡二元结构被带入教育内部的城乡教育关系中。农村被“工业化、城镇化、信息化”边缘化的过程，即是农村教育被边缘化的过程，致使农村义务教育变得很薄弱，甚至每况愈下，面临着“教师工资低、编制少、年龄偏大”“师资与生源流失”“农村留守儿童教育”“进城务工人员随迁子女教育”“农村学校布局与调整”“农村教育管理体制”“农村教育经费投入机制”“农村教育师资队伍建设”“农村教育导向及其目标”等亟待解决的问题。

（二）基于农村义务教育优劣对实现中国梦的价值考量

农村义务教育状况关乎我国整体义务教育的发展状况，关乎我国农村社会的发展前途，关乎中华民族伟大复兴“中国梦”的实现质量。农村是我国贫困地区分布最集中、贫困发生率最高、贫困程度最深的地区，农民是我国贫困人口最为集中的主要人群，并且城乡差距、农村居民与城镇居民收入差距都有扩大之势。城乡之间的教育差距既是城乡差距的重要表现，也是其关键原因。农村地区经济与社会的发展要想尽快赶上并形成持续的后发优势，必须坚持科教先行的指导思想。但是我们往往更重视城市教育而忽视农村义务教育。其实，农村教育的人口覆盖面广，关系整个国民素质的提升，是全国教育的重要组成部分，它关乎我国农村地区乃至整个国家的发展。农村中小学是农村文化较为集中、知识较为先进之地。早在2003年9月17日颁布的《国务院关于进一步加强农村教育工作的决定》（国发〔2003〕19号）明确指出：

“农村学校作为遍布乡村的基层公共服务机构，在培养学生的同时，还承担着面向广大农民传播先进文化和科学技术，提高农民劳动技能和创业能力的重要任务。”现实中，“农村中小学已经成为各地扫盲工作的主力军，很多地方也已经出现了依托农村中小学校直接带动当地经济社会发展的实例”①。因此，农村义务教育质量的优劣关系“中国梦”实现的水平。

二、当前农村义务教育存在的难题

在近十年来，党中央、国务院高度重视农村义务教育，出台了一系列重视农村义务教育的政策，比如全部免除农村义务教育阶段的学杂费、加大农村义务教育投入等，对农村义务教育工作倾注了大量心血，农村义务教育也取得了喜人的成就。但跟我国政府预期或者与城市的义务教育相比，目前农村的义务教育在师资、资源投入和教育质量等方面还存在着较大的差距，发展仍不均衡，而且因急剧的社会转型引发了不少新问题。

（一）农村教育的社会分层功能在强化

教育通过文化资本、经济资本与身份地位的再生产模式实现着社会的流动与分层。教育的这种功能被错用后反映在农村义务教育中，就是“马太效应”在农村义务教育中凸显出来，其中最受诟病的是重点学校策略与农村义务教育让农村青少年越来越疏离农村。

① 邓艳红．以新基础教育引领西部农村的和谐发展——论西部民族地区农村基础教育的经济社会价值［D］．北京：中央民族大学，2006．

第一，重点（示范）学校策略。在多次教学课堂小调查中，笔者发现在自己所任教的“211”大学，农村（特别是偏远农村）生源的比重越来越少。进一步了解发现，这几乎是当前高校生源的一个基本常态。其引发的原因之一就是自新中国成立以来推行的重点学校建设策略。计划体制下所形成的重点学校与非重点学校的不均衡发展局面，使得非重点学校在面对市场经济时更加举步维艰。重点学校有了更强的资本而形成良性循环，非重点学校则缺少竞争的砝码而越来越弱。这些少数的重点学校垄断了优质的教育资源，破坏了农村义务教育的整体发展。直接的后果就是拥有较多政治资本、经济资本和文化资本的家庭的小孩更多入读重点学校，而一般家庭的小孩越来越被排除在优质教育资源之外。

第二，农村义务教育让农村青少年越来越疏离农村。教育承载着农民及其子女改变弱势命运的唯一希望，致使农村义务教育深陷应试教育的窠臼，以致农村学生在长期的学习重压下，其劳动观念、劳动能力逐渐弱化。甚至出现受教育时间越长越不适应农村生活的“反农村”化趋势。美国社会学家库姆斯指出：“学校学术性、城市化和现代化地区导向的课程不能适应大多数农村青年的学习需求和生活需求。而且，这些引进的教育模式使最聪明、有很强学习动机的儿童脱离他们的农村环境，正好刺激了他们移入城市的欲望，而不是促使他们留在农村发展自己的社区。”① 课题组在江西调研时发现，当前江西不少农村劳动力中，留守农村的大多都是50岁以上的中老年劳动力，50岁以下的劳动力严重不足。50岁以下者中初中以上学历的几乎没有，大多初中都未毕业。

① 菲利普·库姆斯．世界教育危机［M］．赵宝恒，译．北京：人民教育出版社，2001.

观察发现，文化程度越高越存在离农倾向与离农行动。

（二）师资及教学质量难以保证

第一，缺乏必备专业任课教师。农村学校缺乏足够的专任教师已是一个普遍难题，很多课程都是由班主任或其他任课教师兼任。调查显示，82.55%的农村学校校长坦率地回答本校缺乏足够的专职教师。

第二，教师学科结构失衡严重。调查显示，农村小学语文教师占全校教师总数的 39.54%，数学教师占 35.05%，两者合计为 74.59%，接近 80%。而事实上小学设置的科目达十余种，这导致绝大部分语文、数学任课教师兼教多门课程的现象大量存在。[①]

第三，教师的素质令人担忧。调研发现，农村学校教师年龄结构普遍偏大，农村小学教师以 40 岁以上者居多，教师队伍老化严重。这些教师习惯于照搬教材，过分依赖现成资料，缺乏动手设计、自主创新的意识，没有很好地做到创造性地使用教材。教师们普遍起点学历低，第一学历为本科、专科的相对较少，一般通过自考、函授、课程班等形式提升学历，但由于这些学习途径本身的局限性和不足，结果导致教师自身的专业知识、教学能力等并没有得到实质提升，未获得实质性的改变。农村教育经过这么多年的发展，在我国相对落后的农村仍然存在这样的情况，难免令人心酸，不能不引起我们的格外重视。

（三）与城市义务教育的资源投入越拉越大

办学条件的好坏决定着学校存在的可能性，制约着学校办学质量的高低。总体上看，这些年国家对农村教育的投入在不断增

① 王标．西南农村义务教育三级课程实施研究［D］．重庆：西南大学，2013.

加，但仍然难以满足农村义务教育的需求。特别是与世界发达国家相比，与城市义务教育投入相比，我国在农村义务教育的投入方面还存在着较大的提升空间。具体到县域层面而言，一个县域内的农村学校明显落后于县城学校。如肖军虎在西部某县的研究发现，85.2%的受访者认为在硬件设施方面县域和农村学校差距显著。据此县教育局资料显示，就教学设备平均价值而言，县城小学为农村小学的6.25倍，县城初中为农村初中的7.23倍。不难看出，农村学校要达到县城学校现有的办学条件还需要大量的资金投入。[①] 笔者在江西M村的调查也发现，该小学的教学设备极其落后。在这种教育资源非常短缺的环境中，孩子无法接受良好的教育，已经严重阻碍农村少年德、智、体、美、劳的全面发展，素质教育无从谈起。

(四) 课程资源及其体系建设不到位

其一，课程实施物质资源与条件缺乏。根据西南大学王标博士的调查发现，“农村地区中小学普遍缺乏必备的物质资源与条件，如绝大部分农村学校的信息技术教育课程没有计算机及其设备；科学课程缺乏实验设备、器材，实践基地等；综合实践活动缺乏活动场地和实践场所；音乐、美术课程缺乏必备的音乐器材和绘画工具，音乐课最后就简化为唱歌课”[②]。

其二，课程管理问题不少，教材选用多样化，且质量参差不齐。一是多元的课程政策制定主体导致学校课程内容随意增减。调查发现，除教育行政部门外，还有德育工作领导小组、普法工

---

① 肖军虎．县域城乡义务教育均衡发展研究——基于对山西省隰县、浮山县、侯马市和古交市4个县（市）的调研［D］．武汉：华中师范大学，2012.

② 王标．西南农村义务教育三级课程实施研究［D］．重庆：西南大学，2013.

作领导小组、新农村建设工作领导小组、计生工作领导小组等约二十个部门可以给学校下达任务，要求各种各样的课程内容进学校、进课堂。二是课程政策落实差，教材选用多样化流于形式。调查发现，教材多样化在农村地区流于形式的倾向较为严重。部分地区为了刻意追求教材多样化，出现教材随意更换现象，如有的学校英语课程第一年使用的是人教版教材，第二年则变成了外研社版教材，甚至部分地区还存在教育行政部门或教研部门工作人员参与教材编写的情况，这不利于教材选用的公平性，会带来一些负面影响。[①]

（五）撤点并校与学生留守导致寄宿扩大化而出现系列问题

其一，农村寄宿制学校新增寄宿成本缺乏稳定和充足的财政保障。寄宿制学校与非寄宿制学校相比，宿舍、食堂、新增业余时间的管理以及由于聚居而产生的安全管理是明显的新增项目。如对重大安全事故进行应急处理的设备的配置和相关人员的训练、食堂安全问题管理成本、保卫人员值班、校医对学生临时生病的应急处理等都增加了学校的运行成本。据调查，政府并没有真正成为寄宿制学校新增运行成本的主要承担者。国家分担比例过低严重影响了寄宿制学校的正常运行，制约着义务教育均衡发展的实现。

其二，低龄寄宿学生普遍存在心理问题。撤点并校带来的后果之一就是学生离学校的距离变得更远，导致学生不得不寄宿，并呈现出寄宿学生低龄化。调查显示，J省R县S小学三年级之前寄宿的小学生占所有一、二、三年级学生之和的比例高达55.4％。

① 王标．西南农村义务教育三级课程实施研究［D］．西南大学，2013．

因此，随着义务教育阶段学生寄宿年龄的逐渐下移，寄宿制学校低龄学生寄宿的问题就逐渐凸现。

三、提振农村义务教育的治理之策

农村义务教育的发展对于培育现代新型农民、建设社会主义新农村、缩小城乡差距具有关键性的作用。如何更好地发展农村教育已经摆上了国家、社会以及农村每一个人的议事日程。未来要减少当前政策的“马太效应”，加大对农村教育的支持力度，在办学条件、经费投入方面向农村学校大力倾斜，这也是国际上的普遍做法。

（一）创造条件，提高农村教师队伍素质

教师是立教之本、兴教之源。良好的教师资源是农村教育发展的基石，要切实提高农村教师的素质。调查发现，农村教师向城市流动较为普遍，但城市教师到农村任教或支教的比例极少，虽然各地均出台了一些城乡教师流动的措施，但成效甚微。城乡一体化发展已然成为趋势，对于教师也应该实行统一管理，统筹安排，促进教师良性流动。可实行城乡教师定期轮岗，比如三年一轮岗，规定城市教师晋升高一级职称必须到农村工作1～2年，当然地域跨度不要太大，毕竟许多教师都是拖家带口。此外，要优化教师队伍的补充与退出机制，对于优秀的教师要给予更多的机会和更优的待遇，对于考核欠佳的要适时将其辞退。

（二）加大投入，改善农村教育办学条件

资源投入是农村教育发展的根基。因此，要不断加大对农村教育的投入，最大限度地改变农村教育资源不足的现状，优化农

村学校的布局，使学龄儿童都能够实现就近入学或灵活上学。农村教育投入不足是农村教育存在多年的问题，相对于城镇教育投入与农村教育需求，农村教育投入力度非常不够。以北京市为例，2004年以前，农村学校和城市学校的办学经费各占政府教育支出的20%和80%，2005年以后，为兑现“向郊区倾斜”的承诺，两者的办学经费均衡至各50%，然而我国农业人口仍然是多数。据中国青少年研究中心所做的“2013年中国青少年人口详数”调查研究显示，全国初中教育阶段在校学生数为5 736.19万人，农村学生占57.2%，而农村初中教育经费占全国初中教育经费的比例为47.8%，相差近10个百分点。① 这还不考虑城乡本身对其辖内学校的投入差距。除了财政投入，也要创造条件鼓励家庭和社会投入到农村教育当中去，形成良好的尊师重教氛围，改善当前的农村教学环境。

（三）积极开发，完善农村教育课程资源

课程资源匮乏是当前农村义务教育面临的重要问题之一，这一问题的解决对提振农村义务教育水平意义重大。

第一，要继续完善农村义务教育的课程设置。教材制定要因地制宜，增添有关农村方面的素材，突出农村农业特色，使其能够较好地为农村农业发展服务。农村可开发和利用的课程资源至少包含农村乡土自然资源、农村民间文化资源、农村实践活动资源等几个方面。充分运用好农村乡土资源，一方面可以使学生觉得更亲近，更有学习的兴趣，而且这些资源是学生所熟悉的，学习起来也觉得更加容易；另一方面可以培养学生热爱家乡的观念，

---

① 数据来源于中国中小学生教育网的相关统计。

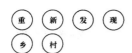

唤醒学生关心家乡建设和保护家乡生态环境的意识。积极开发好农村民间文化资源，一方面可以弘扬中华民族优秀文化，另一方面丰富了学生的精神文化生活。广泛利用好农村实践活动资源，不仅能使学生掌握某些劳动技能，学习一定的农业知识，还能促其形成勤劳、吃苦、坚毅的优良品质。

第二，开发利用网络信息课程资源，促进农村义务教育信息化进程。随着城市化、农业现代化、工业化、信息化的不断深入，农村义务教育不能仅停留在农村狭小的空间，必须与外界对接，逐步实现信息化、现代化。要达成此目标，一是通过网络和卫星技术接收现有的课程资源，二是要建设好本地区的特色网络资源库。这两方面都以农村义务教育的技术投入及相关教师人才的培育为基础。

（四）创新模式，增强低龄寄宿生适应能力

农村义务教育阶段的寄宿学生，特别是低龄寄宿学生过早离开家庭独立生活，往往会出现生活不易适应的问题。低龄寄宿生生活的不适应主要表现在由于生活不能自理而造成的压力和“思家”情绪引发的心理问题，其根源是由于学校家庭功能的缺失。故而，赋予寄宿制学校以亲情功能和生活护理功能，以此弥补家庭功能之不足就是解决低龄寄宿生生活适应性问题的基本方向。随着农村学生生源逐渐稀缺，“撤点并校”是今后很长一段时间农村中小学教育的常态。如何解决低龄学生寄宿生活的适应问题就成了农村寄宿制学校可持续发展的关键。目前，部分农村小学推出的保育制寄宿学校在解决学生生活和心理问题方面具有独到的功效。保育制寄宿学校可以解决低龄寄宿学生的生活与心理适应性问题[①]。各级政府应加强对保育制寄宿学校的支持，也要鼓励和开放社会力量对保育制寄宿学校的建设。

教育是科技发展、国家强盛、民众富裕的关键。离开了教育，我们的“中国梦”将无从谈起，中华民族的伟大复兴也将成为“空中楼阁”。在努力实现“中国梦”的大好时期下，在“四化”同步协调发展的背景下，各级政府应紧紧围绕农村义务教育发展中遇到的突出问题，加大投入，真抓实干，共同努力发展好农村义务教育，进而促进教育的公平和均衡发展。

---

① 高正绪．山区农村寄宿保育制小学研究［J］．现代中小学教育，2002（10）：1—4.

当前我国农村教育现状及其和谐建构

——以江西省 M 村为例

教育是民族振兴和社会进步的基石。在全力实现“两个一百年”奋斗目标之时，教育的重要性尤为突出。作为一个传统农业大国，农村义务教育的质量不仅是提高农村人口素质的关键，是农民、农村、农业现代化的主要途径，而且直接关系国家战略目标的成败。为此，2014 年 7 月至 8 月间，笔者对江西省 M 村的教育情况做了一次较为详细的实地调查，试图探寻农村义务教育中存在的问题及其解决途径，以培育现代农民，推动农村、农业发展，为早日实现中华民族伟大复兴的“中国梦”贡献力量。

一、研究对象和研究方法

M 村位于江西省某乡最东南端，群山绵延，山高路陡，植被覆盖较好，调查时，去往该村的唯一公路正在修建，交通还较为落后，从县城火车站到该村所在的乡镇中心需坐 2 小时 30 分钟的乡间客车，到达该村还需 1 小时 40 分钟的车程。该村以农业生产为主，经济来源主要靠种植水稻、油茶以及其他经济作物。

在收集该村文献资料的基础上，笔者以实地研究的方式和深度访谈的方法进一步调查该村的教育现状。将M村的230户居民以户为单位进行编号，从中随机选取30户作为样本，在一个月的时间内对这30户的户主进行了走访，了解其家庭的基本情况和其子女的受教育情况。同时调查了该村唯一的村小学。之后采用定性与定量相结合的分析方法对资料进行分析，以期知晓当前农村教育的现状并对今后农村教育工作有一定的启发和借鉴。

二、研究发现

就教育水平来说，该村40岁至59岁的被访者的教育水平基本处于小学及以下水平，40岁以下的被调查者基本达到了初中水平。文盲也有一些，主要是60岁及60岁以上的老年人群。被访问者子女基本完成或将完成义务教育，少数大学毕业或在读，总体看被访问者子女的教育水平比其父辈高。结合访谈得出以下结论。

（一）义务教育受到村民的广泛认可

在国家基础教育政策的大力推动下，特别是2006年以来实施的“两免一补”政策使得义务教育由家庭缴费逐渐演变为国家财政承担，调动了农村家庭对义务教育的支持，农村义务教育的逐渐名副其实让村民受益匪浅。访谈发现，大多数家庭都支持孩子获得更好的教育，仅有两例在义务教育阶段辍学外出务工，其余都已完成或将完成义务教育。如村民李某（中年女性，20世纪末从邻村嫁到该村）说，她和丈夫的主要职责就是在家种地、照顾老人和孩子；家中主要收入来源于自己家中种植的几亩棉花和几亩蔬菜；夫妻俩育有一儿一女，儿子在中心小学上五年级，女儿在本村读三年级，学杂费全免，目前只需交纳少量的书本费。当谈起国家的教育免费政策时，父母和孩子都面带笑容，连说政策好，“两免”政策让他们受惠不少。村民杨某（男性，60多岁，小学文化，收入以种田为主，共有13亩地，主要为花生和水稻）对于子女教育也大为认同。他有三个子女，大女儿小学毕业，嫁给本村的一位村民多年，下有一女，在本村读学前班；二女儿初中毕业多年，去年嫁到邻村；三儿子先后就读南昌大学、同济大学，并于去年研究生毕业，现就职于广州，这些年家庭的全部收入都用在了三儿子的教育方面。但是通过谈话，我们发现老人并不后悔供儿子读书，他仍然坚信学习知识是农村子弟改变命运的较好出路。

（二）教育投入与教育期望无明显的性别差异

在访谈过程中，笔者没有刻意区分父母对子女的教育，农村家长好像也并不在意这点。当问及女孩的教育时，大多数父母表示“只要孩子有能力上就支持，不会因为是女孩就减少对她的教育投入”。M村小学肖老师也证实：“现在很多家长都认识到了女孩也需要有文化，一般不会强迫女孩辍学，特别是在义务教育阶段。”李某是M村的一名中年女性，初中文化，有一儿三女。小儿子在7公里外的中学上初一，住宿，一周回家一次，来回学校骑自行车。她希望自己的儿子将来能读大学，以后从事与电脑相关的工作；大女儿24岁，就读于江西师范大学中文系；二女儿初中毕业后，自己不想读书，辍学外出打工，去年已经结婚；三女儿现在读高中，成绩还不错。当我们问及有关三女儿的继续教育问题时，她说，如果三女儿自己想继续读书的话，家里会支持。可见，随着社会的开放和农民观念的转变，对子女教育的性别偏见已不明显，尤其是一儿一女家庭或独女家庭。

（三）教育资源匮乏导致学龄儿童无法正常入学

虽然全村的义务教育贯彻基本到位，但现实中还是存在一定的教育资源缺乏的问题。一方面，该村现只有一所公立小学，校内仅设一个学前班和一至三年级各一个班。学生到了四年级时需要到20里外的乡中心小学就读，这对于10岁左右的小孩来说是一件具有挑战性的事情。另一方面，很多农村家庭都有“超生”现象，随着这些“超生”儿童入学年龄的到来，村内小学教育资源变得越来越紧张，教师和教室不足导致小孩不能正常入学。每年八九月招生时，很多家长都多次到学校要求自己的子女入学，但是由于只有一个学前班，所以顺利入学的愿望较难实现。在调查过程中，笔者发现很多孩子到了五六岁仍然在家玩耍而不能入学的情景。村民杨某和黄某是一对夫妇，初中文化，丈夫在外打工，逢年过节回家，妻子在家务农，照顾子女和老人。他们育有一儿一女，女儿今年9岁，才读一年级，儿子5岁，也没去上学前班。由于入学晚，孩子养成了在家只顾玩耍而无心读书的坏习惯。妻子黄某对子女的未来深感担忧。这些现象表明该村小孩的入学和升学问题还是比较严重。

（四）教师专业素质偏低且课时难以保证

“教师是立教之本、兴教之源，承担着让每个孩子健康成长、办好人民满意教育的重任。”[①] 但调查发现，M村小学教师专业素质相对较低，难以提供高质量的教学及辅导。M村小学现有教师8名，学前班教师为本村多年前的一名高考落榜生。一至三年级的

① 习近平．习近平向全国广大教师致慰问信［N］．人民日报，2013-09-10.

教师都是前几年由民办转为公办的，而且年龄结构偏大，除1名教师30多岁外，其余都是年近50或50岁以上岁数的人了。他们大部分是由"文化大革命"时期懂点文化的知识青年发展而来，没有受过专业的系统教育，常常凭借自己日积月累的经验开展教学，教学方法相对陈旧，观念落后，知识结构老化，知识面较窄。面对新形势下的素质教育和改革后的义务教育新课程，这些老师往往显得力不从心。因为人员紧张和经费有限，他们也没有机会参加业务培训、听课学习。此外，这些教师几乎都是包班任教，即两个教师承担所带班级的语文、数学、音乐、美术等科目的教学工作，剩下的一名教师作为补充。教师应付正常教学的工作压力都很大，素质教育更是无从谈起。另外，由于教师大都处在"半农半教"或"半商半教"的状态，农忙的时候学校都会放假，必然会压缩学时，而家长一般也愿意孩子放假能够回家帮忙。这样的教学现状令人担忧。

（五）教学设备落后且缺乏现代化教学设施

笔者在参观M村小学校园时，发现该校教学设施十分缺乏，已经使正常的教学活动无法开展。比如，学校没有电铃，上下课都是老师轮流敲打挂在一个铁架子上的大铁钟；学校没有专业的音乐老师和体育老师，学生上音乐课时基本是教师唱一句，学生跟着唱一句，学校除了几件破旧的乐器外，没有任何较好的音乐设备，现有的一台录音机是一名老师从家里带来的；学生上体育课基本是自己玩，或是教师提供一个篮球，一二十个学生抢着乱玩。这样的设施使不少课程无法正常开展，更别提教育现代化、信息化了。学校目前没有一台电脑，老师也不懂什么是多媒体教学，这种信息化的落后导致教师的教学基本上就是照本宣科、安于现状，工作没有创新。在这种教育资源非常短缺的环境中，孩子无法接受良好的教育，已经严重阻碍农村少年的德、智、体、美、劳全面发展，素质教育无从谈起。

（六）受教育情况日益出现两极分化

调查中发现该村有一个有趣的现象，辍学在家务农或出外打工的基本都达到了初中毕业程度，这些人初中毕业就不再上学了，主要原因是自己不想或不愿读书，成绩不足以再升学或者受到外面的诱惑而无心学习，觉得读书没有多大的意思。此外也不再接受相关的中等职业教育。其父母对中等职业教育的招生信息不太了解，对职业教育也存在认识上的误区，认为职业教育不是大学，要上就上大学，大学都没意思，还不如干脆不上。而那些读到高中的孩子，目前还无一例辍学，都会选择考取大学。就算一次落榜，基本都会选择复读，以求来年考取大学。村小学周校长告诉笔者，2009 年该村有 4 名高中生高考，除 1 名考上了江西财经大学外，另外 3 名落榜生都选择了复读，并于次年全部考上本科院校，更有一人创造了该村纪录，考上了重点大学。这种在教育追求上的两极分化，势必影响将来该村村民之间社会经济状况的分化。

三、小结与建议

总体来看，该村义务教育状况较好，但问题也不少，主要是教育资源的缺乏、教师素质的偏低、村民信息的闭塞及对职业教育的偏见等。中国特色社会主义新农村建设的推进，离不开农村教育的发展。如何更好地发展农村教育已经摆上了国家、社会以及农村每一个人的议事日程。于国于民，农村教育都有极其重要的意义。笔者建议从以下方面解决问题。

（一）加大投入，改善农村教育条件与优化学科设置

要改善农村教育，首先，要加大农村教育投入；其次，要继续完善农村义务教育的课程设置。在全球化日益加速的今天，农村学生掌握一定的外语技能是必不可少的，因此，外语课程的设置不能缺少，但外语考核无须作为一项国家通关的核心制度设置。同时，兴趣的教育和培养也不可或缺，这样做有利于农村学生今后的成长和发展，使其具备向社会上层流动的能力。此外，教材制定要因地制宜，增添有关农村方面的素材，突出农村及农业特色，使其将来能够较好地为农村及农业发展服务。

（二）创造条件，建立高素质的农村教师队伍

教师是立教之本、兴教之源。良好的教师资源是农村教育发展的基石，要切实提高农村教师的素质。第一，要采取措施吸引高素质的人才到农村从教，充实年轻教员，招收大学毕业生回村任教，改变教师年龄结构偏大的现象。第二，加大对现有教师的专业培训，不断提高其业务能力和教育教学水平，改变一名教师同时兼教多门学科教学的现象，使教师教学专业化。第三，逐步建立完善的农村教师社会保障体系，尽早实现农村教师和城市教师工资地区一体化，改变目前部分农村教师“半耕半教”“半商半教”的现状，使其把全部精力用于教学。第四，要优化教师队伍的补充与退出机制，对于优秀的教师要给予更多的机会和更优的待遇，对于考核欠佳的教师要适时将其辞退。

（三）转变观念，因地制宜加强职业教育

据统计，我国70％以上的初中辍学学生来自农村，每年约有

上百万农村辍学学生流动到大城市就业[①]。由于他们缺乏相关的中等职业教育，没有一技之长，他们的就业多数停留在较低层次。因而，要积极改变村民对职业教育的错误认识，加强宣传中等职业教育招生信息，建立畅通的信息渠道，让其有提高职业技能的机会。[②] 对于那些不想流动到城镇的农民后代，要使他们认识到，务农也需要文化，科技种田才是致富和可持续发展的关键。同时，教育行政部门和职业学校也要进一步解放思想、实事求是，因地制宜，在实践中不断探索适合农村实际情况和自身特点的职业教育模式，提高新时期村民的整体素质。只有这样才能使农村的教育发展更加合理化，新农村的建设才会更有希望。

教育是科技发展、国家强盛、民众富裕的关键。离开了教育，我们的“中国梦”将无从谈起，中华民族的伟大复兴也将是“空中楼阁”。在努力实现“中国梦”的大好时期下各方付诸实干，农村教育将获得新一轮的发展。

---

① 周芙蓉．我国将继续和重点发展面向农村的中等职业教育［J］．青年教师，2007（11）：2.

② 胡月英，蒋德勤．农村中等职业教育发展中存在的问题与对策［J］. 安徽行政学院学报，2006（8）：53—56.

中部农村留守学生教育缺失的社会学探析

——基于湖南省Y乡留守学生的田野调查

改革开放的深化，使得我国处于前所未有的城市化、工业化与现代化的大变局之中。一方面，农业生产力的提高与农村经济结构的调整使得农村剩余劳动力越来越多；另一方面，非农产业需要更多的劳动力尤其是廉价劳动力。城乡差距促使青壮年农民外出务工经商，形成了大规模的“民工潮”。但在这一过程中，受城乡分割的二元结构体制、身份制度以及经济条件等的限制，农民家庭往往不能随之而动，以致年迈的父母和年幼的孩子滞留在农村的家中。这些孩子就形成了一个特殊的群体——留守儿童。其中，兼具在校学生身份的称为“留守学生”，主要是指留守儿童中6岁到16岁的正在上学的那部分人群①。这一群体的产生是存在一定的政治、经济、文化背景的，并且是一个具有地域独特性与时间独特性的整体概念②。据全国妇联统计，2014年年底全国留守儿童约6 102.55万人③，其中全国义务教育阶段在校生中农村留

① 段成荣，周福林．我国留守学生状况研究［J］．人口研究，2005，29（1）：29—36.

② 苏萍．我国留守学生研究综述［J］．现代教育科学，2007（12）：66—67.

③ 全国留守流动儿童数量逼近1亿［N］．新京报，2013-05-10.

守儿童共 2 075.42 万人[1]，占到留守儿童总数的 1/3 以上。外出务工经商的父母对留守子女的教育既缺乏足够的认识，也缺乏必要的条件。在这种情况下，留守学生的教育，特别是对留守儿童的家庭教育，就成为一个令人担忧的问题。

农村劳动力外出在一定程度上改善了其子女的物质生活，但更多的是破坏了留守学生固有的社区、家庭等微观环境。随着我国改革的深入和城市化进程的不断加快，大规模的农村人口流动还将继续，留守学生现象将会在一定时期内长期存在，其教育问题更显突出和紧迫。留守学生能否健康成长不仅关系数千万少年自身的前途和命运，而且事关我国未来的人口素质、和谐社会的建构、社会的稳定与发展[2]。切实保障农村留守学生健康成长，完善留守学生教育管理体制，已成为当前建设社会主义新农村及和谐社会的一个重要课题，同时也是我国教育事业发展面临的一项长期任务。如何建立起一套针对留守学生教育管理的制度，使更多的人更有效地关注他们的生活、心理和学习，已成为迫切需要解决的问题。

一、研究对象和研究方法

本次研究的对象是湖南省 Y 乡的留守学生。该乡处于丘陵地带，群山绵延，山路盘旋，调查时，去往该乡的唯一公路正在修建，交通十分落后。该乡中心距离县城有 5 小时的车程。该地农民以农业生产为主，经济来源主要是种植水稻、橘树以及油茶，但

① 2014 年义务教育阶段在校生中农村留守儿童共 2075 万［EB/OL］. 中国新闻网 .（2015-07-30）［2015-08-12］. http：//www. chinanews. com/gn/2015/07-30/7436861. shtml.

② 中央教育科学研究所教育发展研究部课题组. 农村留守学生问题研究［J］. 中国学前教育，2005（11）：59.

由于主要是生产农作物等初级产品以及乡、村级经营管理不善，可获得的收入十分有限，村民人均收入普遍低下，纷纷外出务工，遍布广东、浙江、福建和长沙等地，以致十户农家中有七八户有外出人员，留守学生的比率相当高。本次调查集中在该乡唯一的一所综合学校，该校是九年一贯制学校，附设有学前班。初中部七、八、九三个年级的初中学生来自全乡各地，11 个教学班共有 565 名学生。

本次研究的重点是在社会学视角下研究家庭教育缺失问题，采用问卷调查来收集资料，问卷中大体包含的变量有年龄、性别、家庭结构类型、教育状况、监护人现状等方面。考虑到调查目的和填写问卷需要，主要调查对象是初中生，在抽样过程中采用随机抽样法。同时笔者的合作调查人对该地的情况比较了解，故选取了部分有代表性的留守学生及其监护人、教师、村民和村干部进行访问。

数据分析方法主要为定量分析和比较分析法。对收集到的资料，首先进行清理、编码、录入，然后利用 SPSS 软件加以处理，比较主要是针对“农村留守学生”的家庭教育缺失问题。然后，对收集到的定性资料采用定性资料分析方法中的连续接近法，即通过不断反复和循环的步骤，使得研究者从开始时一个比较模糊的观念以及杂乱、纷繁的资料细节，获得一个具体概括的综合分析结果。

二、农村留守学生教育中存在的问题

本次调查共发放问卷 80 份，回收问卷 80 份，有效问卷 80 份。其中男性 47 名，女性 33 名，分别占调查总人数的 58.8%，41.3%（表 5-1)。调查对象的年龄跨度在 12 岁至 16 岁，这一年龄段的个体处于初级社会化和发展社会化阶段。其中七年级 44 人，八年级 17 人，九年级 19 人（见表 5-2）。

表 5-1　调查对象性别分布情况

性　别	频　率	百分比/%	有效百分比/%	累积百分比/%
女	33	41.25	41.25	41.25
男	47	58.75	58.75	58.75
合计	80	100.0	100.0	100.0

表 5-2　调查对象年龄与年级的交互分类表

年　龄	年　级			合　计
	七年级	八年级	九年级	
12	5	0	0	5
13	32	6	0	38
14	6	11	1	18
15	1	0	10	11
16	0	0	8	8
合计	44	17	19	80

（一）农村留守学生家庭教育现状不容乐观

1. 留守学生孩提时父母就外出，对孩子的成长极为不利

调查发现，该乡很多家庭父母双亲中至少一方在孩子 8 岁之前外出打工，高达调查总人数的 80%，在孩子刚出生至 1 岁时，就

有10%的父母出去打工（表5-3），他们大多把孩子交给祖父母辈照看。从这样惊人的比例可以看出，现阶段很多的留守学生从小就缺少完整的父母关爱，父母与他们的亲情联系在与父母挣钱供养他们、改善物质条件之间形成较大的反差。父母出去过早，孩子的早期教育进行不到位。

【案例一】初一学生小萍说她刚出生十一个月时父母就去浙江打工，她幼年时对父母没有什么记忆，懂事后和父母的交流也较少。她说："我从小就和外婆外公一起住，爸爸妈妈过年时会回来看我，他们带礼物回来给我，每次他们回来我都好高兴的！爸爸妈妈管我，他们打电话问外公外婆我的情况，让我好好学习、听话，我从小读书没有人辅导，底子不好，读初中了，有好多学习都更难了，我不知道怎么办，爸爸妈妈就让我问老师，但我不敢问老师。很希望父母从小就可以辅导我。"

表5-3 父/母最初出去打工时留守学生的年龄分布

初龄	频率	百分比/%	有效百分比/%	累积百分比/%
1岁及以下	8	10.0	10.0	10.0
2岁	6	7.5	7.5	7.5
3～8岁	50	62.5	62.5	62.5
9～12岁	16	20.0	20.0	20.0
合计	80	100.0	100.0	100.0

2. 亲子间交流严重缺乏，内容涉及面窄，留守学生心情疏导渠道不畅通

从问卷结果可以看出，尽管有31.3%的外出父母一个星期左右会与孩子联系一次，36.5%的外出父母半个月或一个月会与孩子联系一次，但父母探家情况多为半年以上一次，有的甚至几年不回家，两年以上探家一次的比例高达20%。父母与子女的主要沟通方式是打电话，没有选择信件沟通、上网沟通的。但介于长途电话的费用和工作闲暇时间过短以及亲子之间的时间差，电话中往往只能粗略谈一下相互的近况，打工者的电话大多打给孩子的监护人和孩子两个对象，这样，和孩子的交流更少。孩子能和父母沟通心理状况的时间太少。

农村的生育偏好男孩，但在调查的对象中，鲜有男生会和父母沟通心理状况。对于现实生活中的情绪郁积，男孩不愿和他人交流，父母在其生活中的主动影响又很少，导致留守学生中的男孩大多很寡言。女孩子大多数还是喜欢和同伴交流的，情绪疏导较好，但不排除有内向的女孩越来越内向的情况。

由于父母常年在外，长期和孩子分离，对孩子缺少关爱，缺乏交流沟通，导致亲情缺失，监护不力，致使一些留守学生软弱无助，自卑封闭，逆反心理严重。调查中有25%的留守学生明确表示不喜欢和他人交流。这和王东宇等人（2003年）对福建省284名中学生的调查结果相似，其调查显示：中学留守学生的心理健康问题较为突出，有30.3%的中学留守学生存在各种各样的心理健康问题，他们的心理问题明显高于非留守学生[①]。和八年级某班

① 李翠英．农村外出务工父母与留守子女沟通频率对子女行为的影响研究［J］．长沙铁道学院学报（社会科学版），2006，7（2）：119—120.

女同学交流时，她们反映，她们班女生大多关系非常好，但是也有一两个和她们不合群的，每次都是一个人玩，有一个女生父母在外地工作很好，她有很多非常漂亮的衣服，有比其他同学更多的先进的东西，如 MP3、电子词典，她不喜欢和同学交流，本来她父母带她去深圳读过书，在深圳的学校她不合群，而且她爸妈完全没有时间管她，她就又被送回农村外婆家，在农村她也没有很好的伙伴，也不适应农村落后的教学方式，每天不开心。同学们也不愿主动和一个没有共同语言的同学深交，彼此很陌生。另一个女孩家境非常贫困，父母出去打工好几年都不回来，她不愿和同学交流，但学习很努力，成绩一直很好。

3. 隔代教育力不从心，甚至增添孩子负担

调查数据显示，留守学生接受隔代教育者占调查总人数的 77.5%。由于祖辈与孙辈年龄相差一般都在 50 岁左右，且祖辈文化程度偏低，多数是文盲或半文盲，思想观念与孙辈有很大差距，难以与孩子交流沟通。有的还要干农活维持生活，无时间监护孩子；有的体弱多病无能力监护孩子；有的因为要同时照看几个孙辈而无精力监护。加之缺乏科学的家庭教育知识，往往只满足于孩子物质、生活上的需求，缺少精神、道德上的教育引导，甚至娇生惯养、放任自流。

【案例二】小娅妮，14 岁，上初二，性格开朗，是一个懂事听话的孩子。她告诉我们："爸爸妈妈都在外面打工，现在她和弟弟由爷爷奶奶看护，学习的事情只能在学校解决，回家就帮爷爷奶奶做家务，做饭、洗碗、打扫卫生，还要辅导弟弟学习。爷爷奶奶都 60 多岁了，奶奶身体不好，爷爷喜欢

坐茶馆，爸爸妈妈每两个月寄钱回来，奶奶生病时，我和弟弟有时还要照顾奶奶。”我们问她：“那你和弟弟生病了怎么办?”她说：“跟老师请假，自己上街看医生呗，好了就给爷爷奶奶打个电话。有时候觉得自己是一个小大人，要管好多事，没有办法，父母在外面打工也很辛苦，为的是挣钱给我们读书。所以，我要好好读书！我和弟弟都很想爸爸妈妈，想他们照顾我们!”对于以后，小娅妮说没想很多，但她表示要抓住读书的机会，争取在初中毕业后走出这群山。“我还没有去过县城呢，一定要出去!”

（二）家庭与学校间沟通不够

留守学生的监护人尤其是祖辈监护人，很少甚至从来不主动与孩子的老师联系或参加家长会，缺乏与学校的沟通，不能（会）及时了解孩子在学校的表现情况；同时多数老师很少对孩子进行家访（包括老师责任心不够、路途远、交通差等原因），没法向家长了解学生在家中的真实情况，家庭教育与学校教育不能实现有效对接。有些“机灵”的孩子抓住这个空当在学校欺骗老师，在家里又蒙骗监护人，严重影响了留守学生的品德和学习发展。根据调查，30%的留守学生表示他们有过退学的想法。而学校老师表示：“这群孩子在数量上占了总体学生的大多数，家长不上心管，我们也不好管，真是危险啊!”

【案例三】小昌，13岁，初一，独生子女，他是班上有名的“小霸王”，父母很早在浙江打工，学了技术，现在虽然辛苦忙碌，但收入颇丰，每年回来都给小昌爷爷奶奶两三万元。小昌很好玩，爷爷奶奶给孙子的零花钱多，孙子大了也管不住了。小昌对我们说："我再怎么玩，爷爷奶奶都不会打我，反正爸爸妈妈又不知道，爷爷奶奶不会告诉他们的，甚至会帮我掩护。现在我有很多玩伴，他们都听我的！"捣蛋又机灵的小昌很有优越感。他数学老师评价他说："他很聪明，头脑很活，但家里没人管教，老师也不好管、管不住。唉，玩下去就只能初中毕业去打工了，心思完全没有放在学习上。"

三、农村留守学生教育缺失的原因及建议

学生时期是人生中受教育、长身体、培养健康心理的关键时期，不但要接受学校的教育，还要接受社会的关爱，更要沐浴在父母亲情的家庭教育之中。农村留守学生在最需要父母关爱的时期远离了父母，由其他人代为监护，使这些学生的受教育状况、健康成长受到了较大的影响。深入分析其原因，笔者认为可以从社会宏观层面和微观层面两方面着手。宏观上主要是我国社会处于转型加速期，社会体系（就业体系、分配体系等）不完善；户籍制度改革滞后，城乡二元结构存在弊端；地区经济发展不平衡，城市化进程缓慢；教育体制不完善；等等。在此，本文主要从微观层次来探讨并提出建议。

（一）从农村留守学生的家庭角度分析

1. 家庭整体教育水平的限制

根据调查，农村留守学生的父母文化程度普遍偏低，学历很少有超过高中的（图 5-1）。

低学历层次预示着留守学生父母在大城市中多数只能从事体

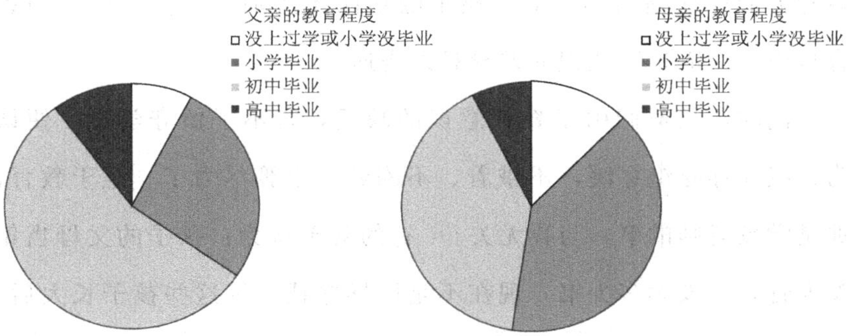

图 5-1　父母教育程度图

力活或简单的技术活。很多留守学生反映他们的父母非常辛苦，没有时间和家人联系。另外，农村留守学生的养护人绝大多数属于老年人，他们的文化水平更低而且精力有限。

2. 家庭溺爱、放纵

由于现在的孩子大多是独生子女，孩子的父母外出后，在家的爷爷、奶奶或其他长辈容易对孩子非常溺爱。这些留守学生在家中就成了理所当然的“小皇帝”，他们唯我独尊，要风得风，要雨得雨，任何人都难以干涉他们的言行，即使犯了错误，长辈们也会迁就他们。如前面提到的小昌同学，在家俨然是随心所欲。

3. 长辈文化水平与教育认识的消极影响

留守学生的爷爷、奶奶、外祖父、外祖母大多是新中国成立前后出生的人，他们当时生活条件差，所受的文化教育相当有限，在所调查的这些老人中，只有小学文化或未完成小学学业的占到了 80%以上，这样的文化水平，想要适应当今教育的发展谈何容易？何况他们深受传统思想的束缚，接受新事物较慢，而且现在的独生子女又存在这样那样的问题，因而这些老人在孩子的家庭教育方面往往是力不从心。孩子的功课无法辅导，孩子的思想教育也由于“隔代”认识的差异难以沟通。

同时，长辈们由于教育意识的缺乏，管不了留守学生，便认为：我让你吃饱穿暖，不饿着、不冻着，也算尽力了。至于教育，那是学校老师的事，与我无关。[①] 有的甚至认为：孩子的父母当年没人管，也没读多少书，现在不是照样挣钱？等这些孩子长大后，说不定比他们的父母更有出息呢！缺少父母的关爱，留守学生的心理本身就存在偏差，在长辈处又难以找到感情共鸣，就只好寄托在同学交流上。于是，三个一群五个一伙，拉帮结派，不想回家，有的甚至抽烟、赌博，走上违法犯罪的道路[②]。

孩子是国家的未来和希望，关注农村的留守学生，让他们摆脱父母不在身边的阴影，健康成长，任重而道远但不得不为。

第一，留守学生的监护人和就读学校要站好第一班岗。监护人与留守学生接触时间长，影响大，他们的言行对孩子起着潜移默化的作用。抓好了监护人这一环，家庭教育就成功了一半。家长要善选监护人，有条件的要适当督导监护人用心管教。学校可以召开留守学生监护人的会议，通过会议清楚地了解留守学生的在家情况，及时把握他们的思想动向。同时，我们也可以了解监护人在教育和管理留守学生方面的态度。会上，教师可以针对留守学生家庭教育方面的问题，采取行之有效的方法，让监护人认识到家庭教育的重要性，要求监护人对他们不能过分溺爱、放纵。在监护人如何教育留守学生的问题上，教师可以适当做方法上的

---

① 此处参考了孙晓建《关于留守学生的调研报告》中的说法，在此表示谢意。

② 殷世东，张杰．农村“留守”学生行为：失范与矫正［J］．教育导刊，2006（11）：59—60.

引导，或让监护人交流他们在家庭教育方面的成功经验。另外，教师可适当家访，并认真接待监护人来访，通过这些途径，进一步与监护人沟通，让他们在家庭教育中改进教育方法，与学校一道，共同教育好留守学生。

第二，留守学生的父母要教育留守学生。学生教育专家王东华认为：父母教育如同母乳对于婴儿一样重要。由此可见，留守学生的父母对孩子的教育仍是家庭教育中必不可少的一环。父母虽然不在学生的身边，但学生与父母的联系并没有中断。通过打电话或写信方式，父母可以经常通过自己在外面的境况影响、教育孩子。父母因为不能随时给予子女关爱更应意识到自己的责任，多用心多留意子女的言行和心态，多向监护人和学校及老师了解子女的近况，及时地关注子女的生活和学习。同时家长和社会应该给予学校和教师更多的信任和支持，一起协力克服父母不在身边的家庭教育上的不足，使留守学生向着健康的方向发展。

（二）从农村留守学生的学校和社区角度分析

农村地区教辅设施落后，师资力量不强。学校在完成基本的教学之后，很难有余力去给学生提供学习娱乐的机会。教师不够，每位教师教学任务又都比较重，教学之后也无心去管学生。农村的经济生活水平也难以吸引到较为优秀的教师，素质的偏低也让教师意识不到全方位的学生教育的重要性。此外，在调查中，我们发现该地似乎弥漫着一股强劲的“读书无用论”，大家对读书以及教师都不是很尊重，肤浅地追求着金钱。市场形态对农村的渗透让农村在某种程度上畸形化了。

学校和教师应充分满足留守学生的学习和求知欲望，教师在日常学习和生活中，应深入了解留守学生的心理状态，多发现和鼓励他们的优点，对他们的缺点多一些忍耐和宽容，让他们发现自己的闪光点，加强自信心的培养。学校在课程设置上可以增加心理健康和情感教育课程，还应在生活上给学生以指导。学校应该充分利用本身具有的智力资源和优势，通过老师或组织学习小组，为留守学生提供更多学习上的帮助，减少留守学生在学习上的困难；同时成立心理辅导机构，为留守学生提供更多心理方面的指导，及时排解孩子心理上的问题，让留守学生有个积极向上的心理。由于缺少父母的关爱，留守学生的心理是孤寂的，师生的关爱正好弥补了这个不足。教师适时家访，上门嘘寒问暖、辅导功课；同学间相互协作，结“对子”互帮互助，尽力营造一种轻松和谐的氛围，让留守学生感到“父母未在身边，胜过父母在身边”的家的温暖，让他们孤独的心有所依靠。同时遏制“读书无用论”的不利影响，让社会尊重知识和人才，形成良好的社会氛围，最好的办法就是让学习和知识“有用”，让读书的利与好在老百姓心中成为可以看得见摸得着的。

不健康的同辈群体和生活环境使社会教育形同虚设。同辈群体对青春期的孩子有很大影响，留守学生从长辈那里得不到足够的关爱，就更渴望朋友间的友谊。他们的首选对象是同学，由于自卑，他们在内心深处希望向成绩好的同学靠拢，但由于成绩好的同学不愿和他们交往，一些留守学生只有把目光转向和自己一样不受重视的群体身上，在那里他们才觉得和周围的人是平等的。同时，不健康的周边环境也易影响留守学生的身心发展。目前农村闲暇娱乐的方式单一，赌博风行。一些家长或监护人甚至让孩子参与，再加上许多留守学生没人管制，在这种耳濡目染之下，许多留守学生从小就赌博成性、无心学习。

此外，在改革深入、社会转型继续的情况下，政府应改革原有体制，让所有国民享受国民待遇，为所有学生提供同等的就学机会。解决农民工子女的教育问题，必须对现行的体制和制度做重大的调整和改革，为农民工子女上学提供制度保障；尽快打破城乡二元体制，降低打工子女进城读书的门槛，为更多有条件的农民工把子女带到城市读书创造条件，从而减少留守学生的数量。

（三）从留守学生本身分析

留守学生由于离开父母时普遍年龄较小，自我认识与生活经验的不足很容易让其迷失方向。长期缺乏关爱和无人管教也会令其习性散漫，对周围缺少信任。为此，留守学生应加强自我教育，端正自己的态度，磨炼自己的意志，加强各方面能力的培养，加强自我约束，学会自我成长、自我成才，尽量理解父母的艰辛，变父母的压力为动力，努力做好该做的事，从内心为改变现状和实现自我社会价值而奋发图强。

四、小结

综观前人研究和本次调查，留守学生的抚养和教育问题极其严重。父母的外出、自己的留守对留守学生的身心成长及社会化产生了较为不利的影响。尤其是在这种典型的农业地区，留守学生家庭教育缺失问题更加严峻。毛主席曾说："世界是你们的，也是我们的，但归根结底是你们的。"试想在这种条件下成长的农村学生，其教育水平和心理素质如何去建构我们的和谐社会，完成中华民族的伟大复兴？

留守学生在没有完整的关爱、监督和教育的情况下，其早期的社会化存在很多的问题，集中表现为：其一，留守学生容易形成人格问题，内心缺乏安全感和亲密感；其二，留守学生的身体健康和思想品德健康得不到保证，容易形成不健康的体魄，并导致青少年犯罪情况的增加；其三，留守学生的心理问题是一个巨大的隐患，在没有正确的安慰和开导下，这个群体中的个体很容易形成脆弱的心理承受能力，在挫折面前不堪一击。

在研究留守学生时，笔者以社会学理论为指导，把他们置于主体地位，尊重他们的独特经验和主体感受，进而解构既有的、主流的、成人中心的理论和视角。在留守学生教育缺失的现实情况下，要让他们受到良好的教育，顺利地进入社会化阶段，光靠家庭和学校教育还不够，还需要全社会的广泛关注和支持。因为留守学生现象是在我国体制改革和社会转型及经济发展不平衡，户籍制度、就业体制、社会保障不完善的情况下产生的，只有从根本上改善宏观社会经济结构，让农民及其家庭就近择业或因业就近居住、生活、工作，留守学生问题才能得到彻底解决。

第六篇

乡村消费

赣村住房消费面面观

进入21世纪以来，房子成了人们关注的热点。建房子、买房子、卖房子成了政府推动经济发展的重要支柱，也关系百姓的切身利益。在政府、市场、农民需求等多方力量推动下，自2004年起，全国各地不分南北、不论城乡，都在大兴土木，遍地建房盖楼，出现了繁极一时的房地产市场与住房消费市场。城市建房，乡镇建房，农村也在建房。深处江西某革命老区的赣村也不甘落后。伴随着新农村建设、村村通建设，加上不少村民在粤、沪、闽等沿海发达地区务工经商所获得的财力积累，使得赣村这些年最大的变化就是盖起了大量新式楼房，村中80%以上的家庭都翻新或另盖了新房。考察赣村自新中国成立以来的住房历史可知，赣村的住房情况大致经历了三代：第一代是1985年以前的土坯瓦房或土坯茅草房，这类房子都是用泥土夯实筑墙，配以木料与瓦片（茅草）构造的屋顶；第二代是1985年至2004年前后盖的砖瓦结构的楼房，第二代住房与第一代住房最大的区别在于用烧制的青砖或红砖取代原有的泥土墙，并用混凝土浇筑而成；第三代就是现在通行的三层洋楼，也有的是两层半或三层半，这类楼房是用钢筋混凝土浇筑，配以琉璃瓦做屋顶或用钢筋水泥浇筑屋顶。如今，村庄遍布的这类新式洋楼，款式虽然不一，但都外形大方，而且装修完善，配备了数字化电视机、电冰箱、洗衣机、太阳能热水器、室内卫浴等各种现代化的生活设施。如果宅基地前后够大、条件允许的话，农户都乐意开发前庭后院，在前庭修建休闲场所和车库，后庭种植花木或蔬菜水果，非常漂亮，好一幅有现代诗意的田园风光！沿着村部中心放眼望去，一栋栋现代洋楼在太阳的照耀下，金光闪闪，甚是令人艳羡。那么，村民们都是出于什么考虑，建起了这一栋栋的新楼呢？认真考察赣村的住房消费会发现，这是国家力量、社会环境、村民经济水平以及满足高层次住房需求等因素共同作用的产物，是村民理性消费与“有面子”观的综合结果。

一、住房的理性消费

赣村坐落于江西省中南部的丘陵地带，具有良好的自然生态环境。全村人口不到 1 000 人，各户基本都有足够的自家口粮耕地，更有一些林场、山场。凭借这些自然资源，只要户主及主要劳动力相对勤劳、不懒惰，在没有大额支出的情况下过上衣食无忧的温饱生活是没有问题的。古人云：“仓廪实而知礼节，衣食足而知荣辱。”所以，相对衣食充足的生活让赣村一直保持着较为淳朴的民风。改革开放后，由于具有接近广东地区的地缘优势，赣村也较早地受到市场经济氛围的洗礼，大多数青年纷纷南下广东闯荡，经过千辛万苦之后，大多数人都在广东的不同城镇谋得了一份远胜于在农村老家收入的工作，也有不少人已经成为高级主管、市场经理，甚至是自己开厂或办起了公司。在稳定的经济收人的刺激下，新房建得越来越多、越来越有档次，这也是情理之中的事。听村民们讲，这些年一到春节，就有不少人开着粤A、粤B、粤S等广东牌照的小汽车回乡过年，其中一些还是价值30万以上的高中档轿车。由此一来，引发并带动了更多的青少年离家闯荡，目前村中基本都是“386699”部队，即留守的妇女、儿童、老人，农田也抛荒了不少，呈现出空心村的局面。新建或已建的洋楼基本都是由老人和小孩居住，有的甚至是空楼，似乎是在为主人留守这一方田地（天地）。

村中农民并非盲目建房，而是进行过仔细的利益考量的。如果家中的房子还能居住，他们不会轻易拆掉，会再住几年，或者选择另辟新址建房。村中似乎形成了一个约定成俗的传统，就是一代人管一代房，即家中的青壮年管好自己的住房事情。村中第一代住房是1950年及以前生人的村民所建，第二代住房是1960～1970年生人的村民所建，第三代住房为1970年后期到1980年生人的村民所建。大致以15年至25年的周期演进。每一代人有责任管好自己那一代人的住房，子辈如果有孝心就把父辈接到新一代住房一起居住，父辈方面即使有能力再建新房也不会承担起这一任务，这是成家子女的责任，最多也只会是从中帮衬一点。两辈人之间互相达成默契，不会有过多的互相指责或期盼。因此，这样算来，这些年来村庄呈现出一片建设新房热潮（目前已接近尾声，后文会阐述村庄中还没有建设第三代住房的特殊情形）就不难理解。第三代住房的建设主力们的父辈还处于劳动力尚在时期，而其子辈还处于上中小学的时候，对上对下的压力不是很大，收入够的话，就可以开展第三代住房建设。如此看来，赣村的建房高潮正是因天时、地利、人和而高涨，经济条件允许，老房子也面临“退休”，建新房恰好能够满足村民改善住房的需求。

二、住房的非理性消费

前文中我们讲到，其实有不少新建住房建好之后并无人长期居住，而是有人替主人留守，这本身就体现了当前赣村住房的非理性消费。但这类房子的建成更多的是体现了房子主人的无奈或是期待，而不是完全的非理性住房消费。因为：第一，房子主人在外赚到了一定的钱财，具有较好的收入，房子较少是靠借款建造；第二，在当前城乡户籍二元制下，制度性藩篱导致第一代外出闯荡的农民基于没有合法的城市市民化身份而做出年老可能回乡养老的打算。因此，这里我们不讨论这种情况。以下我们将讨论一些在村居住村民的非理性住房消费。

“好面子”“有面子”大概是中国人的基本脸面观。在这么一个乡土社会，天天面对抬头不见低头见的熟人圈子，农民们都希望自己有面子，能够在其他村民眼中被看得起。而被看得起就得被“看得见”。一般来说，在村庄中被“看得见”的光环，要么是在穿着上，要么是在住宅上，要么是在车子等交通工具上。在农民经济理性的思维下，这三种“看得见”中最实惠的是房子。村民们都希望通过建房子为自己挣足面子，所以新房子一年比一年新潮，一年比一年上档次。在外出青年以及城乡交流的影响下，住房的内部格局与城市商品房的设计不相上下，甚至比拟西方别墅风格，其格调与装修也极为考究。据悉，该村2011年至2014年新建的住房平均花费都在40万元左右，花费高的可能在60万元左右①。比起之前几年平均不到20万元的消费，这已经是翻番了。当然，这也是最近几年建房成本增加的反映，但也不排除村民主动花更多的钱建更气派更豪华的房子，显然存在面子竞争的成分。但是，这其中更为重要的意义是不可忽略的，即建立在财力基础上，在满足不断增长的现代住房需求的前提下的非理性住房消费。

在赣村，由于计划生育制度的强行介入、市场经济的悄然影响、外出人口比例的逐年增加，村民们的很多传统观念已然发生了巨大的变化。比如，重男轻女观念日益淡化，养儿防老、传宗接代的观念逐渐弱化。相比于1960年以前的村民，之后的村民对现世的期待更高，希望自己在世的时候过得更加的富足体面。一方面，村民们对子女抱有较高的期待，希望子女能够通过上大学、做生意等途径过上体面的生活，因而从不吝惜对子女教育的投入；另一方面，也是在第一代外出闯荡者的影响下，村民们开始更加理性地思考自己的未来，相较以前，更多地思考自己除了务农之外的人生；再一方面，村民有获得自尊和他人尊重的本能，有展示自己能力的渴望，而满足这一切的一个很直观的方式就是获得身份和钱。身份的获得主要有两种途径：一种是村外的，即在村庄以外的地方，比如在机关或事业单位获得了体制内的身份，离村庄的地理距离越远声望越高，单位的级别越高声望也随之越高；另一种是在村庄内获得村党支部书记、村主任等村干部身份。而这两种获得方式，在目前来看，其数量是有限的。因此，大家转眼于钱的多少，于是赚钱成了村民的共识。但钱多钱少旁人看不

① 考虑到农村的建房成本，60万元左右的自建房确实不错。据笔者对比，这类60万元的自建房，其美观程度大致相当于北京五环外1 000万～2 000万元的别墅。

到，需要将钱转化为大家都能看见的东西就能成为更好的证明，所以房子在此成为一个农民证明自己的重要手段，是证明自己及家庭实力的重要表征，也是获得其他村民认可和尊重的重要资本。以X家和L家为例，X家曾有一栋二代楼房，住了近20年，但在2013年拆掉重建了三代楼房，装修就花了七八万，总共花了近40万。有一次，X家女主人向我感叹这次建房后钱都花光了，但据观察，当其他村民对她家房子满心赞美、夸奖她善于勤俭持家时，她满脸都洋溢着幸福的笑容。对于她而言，就算花光了钱，就算少借点债盖房也不要紧，因为她的儿女都已成年在外工作，而她和丈夫又都是当地的勤快人，很能吃苦，至少还有二三十年可以劳作，再劳动十年之后考虑养老[①]是没有问题的。而人们的赞美，不仅是对房子的赞美，更是对她辛勤劳动和持家有方的赞美，是对她这个人的认可与佩服。隔壁L家女主人则说，以前住旧楼房时，旧楼房破旧不堪，都不敢让女儿带同学来家里玩，怕人家笑话她们家穷，家里人没用，现在建了新楼房就好多了，面子上过得去了。这也就意味着在该村有无能力建新房是一个人或一个家庭有没有本事、有没有能力的衡量标准。但即使如此，农民们的经济理性思考也是非常强大的，他们一般绝不会强行“打肿脸充胖子”，而是根据自己当前或潜在的经济实力来建造合适价位的新房，在此基础上，根据未来的预期收支情况，才可能借债稍微搞好一点。比如，L家还有两个小孩读书，比X家负担重，所以L家就只建了当地一般水平的三代楼房。

---

① 赣村村民似乎也没有养老一说，只要身体状况允许，老年人都是活到老干到老，直到不能干、干不动为止。

三、住房的集中化（城镇化）消费

21世纪以来，特别是2000年前后，在当地高速公路、铁路等基础设施建设拆迁的影响下，赣村新建住房逐渐集中，都沿着公路两边铺开，稍远的村组也将原有住房舍弃，尽力寻找公路两旁的开阔地建房，也出现了当地房地产公司开发的商品房。房地产公司开发的商品房更为集中，主要沿着老街与火车站之间的连接地建设，目前已经形成了数片商住两用型新房。自房地产公司2000年开发第一片商品房开始，当地商品房价格从几百元每平方米迅速上升到3 000元左右每平方米。第一片商品房建设时人们的购买热情并不积极，[①] 一度呈现出无人购买的局面，其主要购房者是当年旧房被拆迁或第一批外出务工经商者。第二片商品房建于2005年前后，那时全国房产市场开始繁荣，购买者比较积极，之后2年全部消化掉所建住房。第三片商品房建于2008年，分为两期。第一期由于受经济危机影响，刚开始销售得并不好，但2010年起，呈现一派繁荣，一度出现抢购，卖价最高曾达到3 488元每平方米。第三片商品房也是当地目前最好的商品房，位置好，建设得也漂亮，是花园式小区，特别是其开发的第二期，号称要建“5万平方米高端住宅区，1万平方米欧式景观园林，800平方米国际双语幼儿园”，现在到处都是该商品房的广告，而其实其已作为期房销售一空。

据笔者观察，赣村村部所在地由于后天形成的交通优势，已

① 主要是因为村民认为当时几百元每平方米还是很贵的，而且不习惯这种套间居住，比较习惯独门独院的生活。

经成为当地及附近村庄的住房与生活中心。这是当地住房集中化的表现之一。当地村民住房还呈现出另外一种表现，即不在村中建房，也不购买当地的商品房，而是到附近的县城、市区购买商品房。前文我们提到在村中普遍建造新式洋楼的情况下，还有部分村民并没有建新房。这部分人群分两种情形：一种是确实无建房能力；另一种是由于常年在外，很少返回村中，而无心在村中建房，其已在工作地或家乡的城区购房。这或许可以解释为什么从 2014 年起，中小城镇及农村房地产市场会逐渐萧条。因为农民的建房或购房需求已经得到满足或者已经无力去满足了。据笔者估测，繁荣一时的房地产市场将步入萧条期，特别是在人口老龄化较为严重而又无青年人口流入的三四线城市及农村市场。

当前，各地各级政府出台了一系列推进人们到城市购房的举措，可以解释为是出于消化当地商品房库存带动经济增长的考虑，而不是从根本上着眼于农民的市民化或现代化考虑。如 2015 年 12 月 18 日至 21 日举行的中央经济工作会议称，“要按照加快提高户籍人口城镇化率和深化住房制度改革的要求，通过加快农民工市民化，扩大有效需求，打通供需通道，消化库存，稳定房地产市场。要落实户籍制度改革方案，允许农业转移人口等非户籍人口在就业地落户，使他们形成在就业地买房或长期租房的预期和需求”①。2015 年 12 月 23 日，国家发改委主任徐绍史针对房地产市场表示：“要有序化解商品房库存。将制定实施 1 亿非城镇户籍人口在城市落户方案，积极配合有关部门，落实户籍制度改革方案，

---

① 中央经济工作会议确定明年五大任务［EB/OL］. http：//finance.ifeng.com/a/20151221/14132151_0.shtml.

加快农民工市民化。[①]” 国家信息中心经济预测部宏观经济研究室主任牛犁认为，“现在去库存的关键是要把农民工培育成新市民，让他们成为购房主力，这就要把他们纳入很多政策体系当中。同时，应该把房地产去库存同城镇化户籍改革结合起来”[②]。故而，不少人担心出现一种城镇化的表象。因为在一系列的政策背后，农民并没有看到真正符合自身需求的政策支持。于是，出现了不少农民在当地城镇购买了住房，但其很少在新房中居住，呈现出人户分离、人房分离的现象。因为其经济收入来源于农村或是工作地，而不是购房所在地。这是当前不少地方城镇化急需解决的一个问题，忽视该问题将难以维系可持续发展。

当然，看着赣村近年来以建房为趋势的城镇化建设，笔者心中虽百感交集，但还是无比高兴的。这些多姿多彩的新式洋房彰显出村庄的活力，房子的背后是村民们辛勤的汗水，是村民们理性而有节制的享受，是村民生活水平大幅提高的美好象征。但无论村民在村中集中化地建房还是到城区购房，都局部地反映出当前我国城镇化道路走得艰辛而畸形。部分村民的选择看似理性，实则无奈。我们应当真正理解什么是城镇化，什么是农民想要的城镇化，什么是国家需要的可持续发展的城镇化。进而，以新型城镇化、新型农村建设助推中华民族伟大复兴“中国梦”的早日实现。

① 发改委：制定1亿非城镇户籍人口落户城市方案［EB/OL］. http：//news.qq.com/a/20151223/033262.htm.

② 商旸，刘念，齐志明，等. 三问楼市：房价能降多少？［N］. 人民日报，2015-12-24.

论乡村的人情往来

2015 年 12 月 19 日，腾讯新闻以“婚礼礼金为何困扰中国人”为题报道了一则关于婚礼往来礼金引发的人情风波。报道中写道：“重庆一对新人举办婚礼，新郎四位大学同学没空参加，也漏送了份子钱，结果新人又专门请客，只请这四人，意在让他们补交礼金，场面极其尴尬。”可能是源于近年来多地都出现过因人情往来导致的矛盾，或听到过或看到过不少关于这方面的不满，于是报道者提出疑问：“为什么大多数中国人都会被这样的人情往来困扰？[①]”中国是一个乡土社会，人情往来由来已久，也时刻存在。按照著名社会学家费孝通先生在其《乡土中国》一书中的解释，人情往来是中国村民们为了解决结婚、丧葬等常规性急需大额钱财方能度过的事件的一种理性的互相帮衬。有点类似于农村互助性质的“金融储蓄积水池”或“帮工银行”。就算到了现在，由于全国的真正城市化程度[②]仍然较低，中国依然可以被视为一个半乡

① 张德笔. 婚礼礼金为何困扰中国人 [EB/OL]. 腾讯评论，http：//view. news. qq. com/original/intouchtoday/n3377. html.

② 其一，我国当前讲的城市化分为户籍城市化和常住人口城市化，按目前的政策体系，只有户籍城市化才能算作真正的城市化，但我们有的时候为了讲城市化发展速度，往往又采用账面上的常住人口城市化率。其二，我国当前的城市化是由各个城市各自核算的，是不可流动的，即你是 A 城市的，若到了 B 城市，那就要另算了。

土社会[1]，不少地方依然需要通过人情往来实现大额帮衬与人际关系的团结维护，它是人们理性行为的产物。那么，为何不少地方会为这种人情消费所困，烦恼日益增多呢？

一、乡土人情消费的新困惑

人情，在我国是很正常的一件事情。结婚、生子、孩子升学、当兵参军、建房迁居、做寿、老人故去等，这些都是中国人最看重的仪式，别人请你，你请别人，互相随礼，这是再正常不过的事情。而且人作为一种群居动物，不可能“遗世而独立”，适当的人情往来有助于人际关系的维护和社会的有机协调，是一件礼尚往来、大快人心的好事。但是近年来，人们的随礼表现出更多的无可奈何，各地都反映出不少人情消费的新困惑，集中体现为以下方面。

（一）重钱财轻帮衬

按照中国人最初的设计，人情往来是用于互相帮助的。帮助的形式不定，可以是出力，可以是提供一些生活必需品，也可以提供钱财，等等；即有钱出钱，有力出力，有物出物，互相扶持，和衷共济，其实质就是当某人或某个家庭遇到一件大事时，大家坐到一起来，帮助其顺利地办好这件大事。然后当其他人也遇到类似需要大家共同帮助的事情时，大家又走到一起来，互相帮扶。

---

① 据国家统计局2014年年末经济数据显示，从城乡结构看，城镇常住人口为7.491 6亿人，乡村常住人口为6.186 6亿人，城镇人口占总人口的比重为54.77%。全国居住地和户口登记地不在同一个乡镇街道且离开户口登记地半年以上的人口（即人户分离人口）为2.98亿人，比上年年末增加944万人，其中流动人口为2.53亿人，比上年年末增加800万人。

然而，现在人们继承了种种人情仪式，却有意或无意地逐渐忽略了其中的实质，使之日益演变成了一种钱物上的交换或礼钱人情。据李牧在湖北省龙门村的调查发现，“十几年前，人们之间的人情往来以食物为主，亲戚间出生礼、婚礼等一般是送一些红鸡蛋和布匹，同时到办礼者家中帮忙，而现在几乎都改用礼金了”，“在龙门村有一个习俗，就是姑娘在出嫁前，男方要给女方家族的主要亲戚送酒肉等，近些年来也演变成把这些酒肉折算成钱送出，也许这是因为某种程度上，人们更乐意于直接收受对双方都极为便利的钱财而不是实物吧”①。笔者 2014 年参加家乡表弟的婚礼时也发现，很多前来参加婚礼的人们都改用红包了，而不太拿实物。前来道贺的人们也基本不再帮工，而是聚在一起打牌，等着吃酒席。所有的事情都是主办者提前请人安排好。不少前来贺喜的人感叹，现在这样方便是方便，就是少了一股热闹劲儿。于是，不少人家为了有那么一股热闹劲儿，又衍生出了请专门的戏台班子前来演戏。演出的费用一般由结婚人的父母及兄弟姐妹等近亲属承担。

（二）礼金费用水涨船高

15 年前，在相对发达地区，100 元、200 元的婚礼红包也算是大包了，现在去参加婚礼，就算是在落后地区，红包里如果只塞一两张百元钞票，也是万万拿不出手的了。陆陆续续参加过各种婚礼等宴请的人们都深有感触，这些年的婚礼红包已经水涨船高，从一两百元直升五六百元，如今已是直奔千元大包而去，甚至这样有时还显得礼钱分量太轻。就笔者这些年的经历来说，同学朋

---

① 李牧．针对农村人情消费的社会调查：以湖北省阳新县龙门村为例［J］．品牌营销，2014（9）：10．

友之间的随礼红包已经从2007年大学刚毕业不久的200元左右到如今的1 000元及以上。收红包的时候，一下子能收到不少，也很是高兴。当然，每年也需要支付比以前高得多的人情费用，幸好是间或性的支出，而不是集中一次性的支出。但是从全国范围来看，当前这样的人情随礼，已经让不少人备感压力、怨声载道，特别是低收入人群，礼金支出占总收入的比重连年上升，甚至超过了其家庭收入的增长速度，压力不小。比如，《人民日报》2014年5月18日曾报道，“一个山区农民家庭年收入仅2万元，2013年人情随礼9 600元”①，这种将近一半收入用于人情往来的现象，究竟是个别地区、个别家庭的特殊案例，还是全国的普遍情况？据西南财经大学在2012年发布的《中国家庭金融调查报告》显示，中国家庭的人情支出占总收入的比例为22.1%。这一数据虽然并不低，但尚在咬牙可承受范围。但是，若以家庭为单位，按照年收入高低进行分组，结果就有点吓人了：收入水平处于最低的25%的家庭，人情支出占总收入的45.1%。另据北京大学中国社会科学调查中心2010年的调查数据，收入最低的20%的家庭，人情支出占家庭总收入的46.99%②。这些数据已经说明，对于低收入家庭而言，人情消费已经成了其日常生活的沉重负担。如今的人情往来，已经不是温馨的请客吃饭。

（三）送礼名目越来越多且越来越频繁

过去人们的人情往来名目主要是婚丧嫁娶。但现在围绕这些

① 何勇．辽宁一山区农民家庭收入2万元，一年随礼9600元［EB/OL］．人民网，http：//finance.people.com.cn/n/2014/0519/c1004-25033816.html.

② 张德笔．婚礼礼金为何困扰中国人［EB/OL］．腾讯评论，http：//view.news.qq.com/original/intouchtoday/n3377.html.

基本的名目逐渐演变出十几种甚至更多：结婚、乔迁之喜、升学、再婚、参军、过节、生日、工作变动、找人办事、丧事、探病慰问等。赵吉林在某村的调查发现，“‘受一家有喜，众人随礼’的习俗影响，为把以前已经随出去的礼钱收回来，人们挖空心思地制造名目繁多的喜事，如结婚、添子、满月、周岁、建房子、搬家、入党、当干部、看对象、参军等”①。遇到这些事情，村民们就会摆酒宴、放鞭炮、请客送礼，少则十几桌，多则几十桌，有关联的人都要纷纷随礼。入冬至春节这段时间，一些农民今天走东家、明天走西家，有着送不完的礼金和吃不完的酒席。2013 年年关，笔者听家乡的伯伯说，这段时间参加了十几场酒席，有嫁女儿的，有娶媳妇的，有办小孩满月的，有给老人祝寿的，等等。这既与现在村中外出人口较多，平时都不在家，很多人把一年中的酒席集中到年关时候举办有关，也确实与当前举办酒席的名目不断增长有关。这段时间村民的主要事情就是吃酒席，其他都要先放一边。而且，随着社会经济的发展、交通网络的发达，大大拉近了亲戚朋友之间的距离，人们交往的范围越来越广，举办酒席者越来越多，举办的名目自然越来越多，人情往来就越来越频繁。

二、当前异化后的人情消费的负面影响

村民之间的人情往来是源于互相帮助。而当前受各种因素影响，这种人情往来发生了异化，村民们对这样的人情交往产生了苦不堪言的新困惑。这种异化后的人情消费不利于村民们正常的人际往来以及新农村的和谐建设。

---

① 赵吉林. 农村“人情消费”亟待重视 [J]. 农家顾问，2014 (10)：24.

（一）加重了农民的经济与心理负担

过度的人情消费让农村的人情日益变味，也成为压得农民喘不过气来的沉重负担，不少人发出“过年如过关”的消极感叹。一方面，过度的人情消费让农民来之不易的钱财随之流出，容易造成农村家庭开支的压力。比如，一位刚为儿子办完婚事的农民对笔者说：“目前，我经济上还不算宽裕，原本打算儿子的婚事简办，可又怕别人说我小气。没办法，为了争面子，东拼西凑了几万块钱给儿子完婚，一场婚事办完，不仅没赚钱，还负债上万元，今后还得去还人家的人情，真不知何时才能还完这些人情账。”[①] 另一方面，货币化的人情消费使得人情交往慢慢从自愿、自由的交往活动变成了一种强迫、扭曲的束缚，增加了农民的精神负担。笔者在调查中曾问到一个农民能不能不去或少送点礼金，他毫不犹豫地回答道：“那肯定不行的，你不请客，别人要请你，请了你，你不去别人对你可能就会有看法，难免要伤和气，礼金少了拿不出手，反正今天送他的礼来日他再还你的情，礼尚往来，只是现在的礼金越来越重，真有点消受不起。”“来而不往非礼也，薄来厚往才是礼。”这些情况造成不少村民在人情往来中的精神与心理压力很大。

（二）扭曲了农村原有的淳朴的人情关系

农村的人情消费原本是本着相互帮助、互通有无、互利共济的善意，但这种秉承了中华民族重情尚义品质的行为却逐渐变成了现在赤裸裸的金钱关系。传统的实物馈赠变成了现金出礼，金钱的多少成了衡量人情的主要标准。调查中罗姓村民说：“原本罗

---

① 当前，也有不少地方报道说，利用酒宴敛财。这其实指的是部分具有实权者办酒席才会出现的情况。据了解，大多数人的酒宴一般是收支平衡，甚至是支出大于收入的。

姓村民和张某平时关系不错，但自从张某结婚后，两人就有了隔阂。原来，张某结婚时罗某送了200元礼金，张某认为罗某至少应该随礼500元才与彼此之间的情谊相匹配，罗某送这么轻的礼，就明摆着说明罗某把自己看得不重，自己有点自作多情，心里总觉得不顺畅，见面后自然显得不冷不热。张某心里也很委屈，自己的家庭开支渠道多、负担重，而且200元的礼金已经比一般邻居要重，邻居一般是送100元的，这就可以表示自己还是比较在意彼此之间的友谊的，可是没想到张某是这么想的，反倒闹了矛盾。”对于这种人情泛滥给人际关系带来的负面影响，有农民发出了“红包越来越厚，人情越来越薄”的感慨。同时，攀比之心、功利之心很明显，甚至存在一些扭曲心理。如一些农民认为，随出去的钱多，为保证不亏本，只好利用一切机会办酒席：父母大寿、新生儿满月、孩子上学、参军、盖房子、买房子、订婚、结婚……甚至孩子留辫子（农村一种风俗）都要大摆酒席，理由五花八门。据辽宁省中部某县纪委调研当地一个村民小组时发现，该“村民小组共60户，2014年3月份有42户以各种名义置办了酒席，另18户正在筹备”①。愈演愈烈的人情消费其实既消耗了农民们的精力，又不太可能通过人情收礼获利，陷入无谓的人情消费中，让农民不堪重负，结果把传统的礼尚往来异化为无休止的“人情债务链”。这种人情消费的异化使得原本淳朴的乡情变质，严重影响了农村社会的风气。

（三）影响了农民正常的生产生活

中国人好面子，中国农民更甚。有的农民为了不得罪亲朋好

① 何勇．辽宁一山区农民家庭收入2万元，一年随礼9 600元［EB/OL］．人民网，http：//finance.people.com.cn/n/2014/0519/c1004-25033816．html.

友，或不低于其他亲戚的水平，或为了给自己撑面子，显示自家较好的社会地位或人缘关系，甚至不惜借债送人情礼或举办酒席，大大增加了家庭负担。因此，只能从其他方面压缩开支，进而有可能影响到其农业投入与生产。比如，笔者调查中就遇到一位刚刚从亲戚家喝酒回来的农民，从他口中获悉，近一个月来，他喝了 8 家酒，光送礼就花去了 2 400 多元，把明年春天的农业投入都用去了①，年前还有 2 家要去，春节估计还有 5 家左右要去。更为糟糕的是，酒宴盲目攀比、大操大办，不仅可能导致经济压力加大，还容易引起家庭矛盾。特别是对于去谁家给多少礼，往往会涉及家庭中男女主人不同的考虑，如果没有达成一致，就可能造成男女双方的心理冲突，甚至因为这类事情影响家庭关系的稳定。比如，某次回老家有人告诉笔者，张三全家有三个子女，李四贵家只有一个儿子。当李四贵家儿子结婚的时候，张三全认为，应该按照惯例的三倍给李四贵家送礼，因为自己家有三个子女，其中两个结婚时李四贵家都来礼了。而张三全的爱人认为，不管对方要办几次酒宴，每次都应该是按惯例，而不是考虑对方可能办不了自己家这么多场酒席。因为如果这样的话，这次自家就要出好几百元的礼金。于是，张三全与其爱人就产生了家庭矛盾。

（四）人情消费泛滥助长了铺张浪费之风

从全国的情况来看，不难发现，现在各地各样的酒席花费是逐年增加的，甚至出现了一些天价宴席。百度搜索媒体关于宴席花费情况的报道会发现，不少地方宴席一散，还有很多酒菜甚至无人动过筷子，浪费现象比较严重。据石家庄媒体 2012 年 11 月 6

① 这个可能说得有点夸张，但是可能确实超出了农民的基本预算。

日报道，参加朋友婚宴的市民张先生说："一桌菜连一半都没吃完客人就离开了，服务员就往泔水桶里倒，真是有点浪费。"另据大连《半岛晨报》2014年10月14日报道，"十一"黄金周期间，滨城各大酒店婚宴连连，但观察发现婚礼酒席普遍存在浪费情况，一桌宴席近一半被剩下，四五桌剩菜可拼成一桌，剩菜价值近9 000元，占酒席花费的近两成。分析原因认为，这主要是现在婚宴消费节节攀升造成的。石家庄某酒店工作人员说："婚宴酒席不包括烟酒，每桌1 000多元，菜盘子一层压一层。宴席的菜最少要在12道以上，多的达到20多道，这样的菜量一桌10个人很难都吃掉，导致剩下的菜很多。"而这其中很大一部分原因是，举办婚宴的主人"尽管明知道会浪费，但多数新人担心档次低了丢面子。人家办得都不错，咱一定也不能差了，必须得好好办"。农村亦然，据刘艺分析，农村"人情消费的每桌宴席浪费剩菜的比例平均在20%～30%，也就是说每一个家庭置办宴席，每投资100元就会有20～30元被浪费掉了……农村每摆一次酒席，一般都要吃喝2～3天，农村称之为'流水席'，每一桌酒席都是十几二十几个菜，实际上都是"人吃一半，猪狗吃一半"，农民辛辛苦苦创造的财富就这么被浪费在这些无谓的酒席中了"①。而且现在郊区村民也开始到城里酒店举办各种宴席，远郊或农村村民开始请流动的专门酒宴制作及宴席礼仪公司上门到家服务。一些传统的仪式没有了，但宴席的场面却越铺越大，而且这似乎是刚性消费，只能往前、往高走，上去了就下不来，浪费越来越严重。

① 刘艺．论农村人情消费［J］．湖南社会科学，2008（5）：198—201.

三、破解乡土人情消费困惑的新思考

调查发现，农村必要的人情往来加强了社会成员之间的联系，促进了农村社会的良性互动，有利于缓和社会矛盾，促进农村社会和谐。因此，只要实现农村人情消费的理性回归，形成人情消费文明，就应该可以创造一个利大于弊的局面。在目前的社会中，要想完全消除人情往来造成的礼金压力和精神压力是很难的。有学者研究指出，从1980年开始，婚礼上参与人数最多的人群逐渐由家族群体内的亲戚变成了同事、朋友，这种变化和城市化进程有关。人走进城市，作为个体，虽然越来越独立，但在公共生活中依然依赖于城市里的集体——单位等组织，同事、同学、朋友在婚礼中具有了越来越重要的地位。也就是说，虽然从原来的血缘或地缘人情变成了现在的业缘或学缘人情，但实质上仍然是传统的乡土人情范式。由此可见，要想摆脱人情往来的烦恼，必须让“互免礼金”成为风潮，但这种局面在短时期内甚至在接下来的两三代人之内还是难以消除的。不过，随着城市化的加速、社会保障体系的完善以及人口流动频次和空间的扩大化，原有的这种“人情味”将逐渐消逝，而以现代伦理代之。

（一）基本公共服务国民待遇化而不是简单的城市化

据国家统计局2015年1月发布的数据显示，2014年年底我国城市化率已达54.77%。但户籍城市化率仍然非常低下，“全国居住地和户口登记地不在同一个乡镇街道且离开户口登记地半年以上的人口（即人户分离人口）2.98亿人”[①]。以部分大城市常住人

① 国家统计局：2014年中国城镇化率达到54.77%［EB/OL］. http：//politics.people.com.cn/n/2015/0120/c70731-26417968.html。

口与户籍人口对比为例，足见各大城市尤其是一线城市的人户分离矛盾还是比较突出的（表 6-1）。剔除这种因户籍藩篱造成的浅层城市化，我国的真正城市化水平还是非常低级的，现有城市化是相当脆弱的。因此，一个看似在城市生活多年的人，他仍然需要通过其原生态的人情关系来维护未来可能遇到的难题，原因在于其无法因为身在城市而获得所在城市的保护。下一步，国家要考虑开放基本公共服务，进行全国统筹，使其不限地域、不限籍贯，逐渐公开化、公平化，让每一个国民享受国民待遇，而不是人为地分成三六九等。

表 6-1　2014 年各大城市常住人口及其户籍人口对比情况

城市名称	常住人口/万人	户籍人口/万人	户籍人口占常住人口的比例/%
北京	2 151.6	1 333.4	61.97
上海	2 425.68	1 429.26	58.92
天津	1 472.21	1 003.97	68.19
广州	1 308.05	842.42	64.40
深圳	1 077.89	332.21	30.82
东莞	834.31	191.39	22.94
成都	1 442.8	1 210.7	83.91
武汉	1 022	822.05	80.44
南京	821.61	648.72	78.96
长沙	731.15	671.41	91.83
厦门	381	203.44	53.40

注：笔者根据 2014 年相关数据绘制。

（二）健全和完善社会保障体系

社会保障体系是现代国家稳定运行的必要机制，为国家的长治久安起到保驾护航的重要作用。健全的社会保障体系有助于帮助人们抵御风险，维护社会的和谐稳定与发展。通过发展农村新型合作医疗、大病保险、新型农村养老保险、低保等制度性举措，可以让农民增加心理安全感，使其减少后顾之忧，更加勇于发挥主观能动性去创新创业，走出农村，走向更加广阔的世界，接受中国特色社会主义市场经济的洗礼，跳出农村固有模式的思维局限，学会运用现代理念，开展更加积极的人际交往。

（三）加强引导，摆正人情消费观，树立良好的乡风文明

充分通过网络、广播、电视、报纸、村务公开栏等各种媒介向广大群众宣传人情消费恶性循环的危害性，提倡简化风俗仪式、缩小规模，逐步改变大操大办的人情陋习。同时，积极发扬农耕文化中所蕴含着的诸如仁爱互助、重义轻利、团结友爱、自强不息、勤劳节俭等的优良传统。这些优秀品质正是今天我们建设社会主义新农村所需要的，要充分利用农耕文化对农民的天然亲近感和感召力，把拜金主义、功利主义、奢侈浪费心态等不良思想从农村的人情消费观念中剔除，提倡用比较简洁的方式表达情意，营造更加纯洁的人际关系。另外，化解人情债，考虑将不合时宜的风俗仪式进行简化，甚至取消，从风俗仪式、送礼金额等方面树立合理的人情风俗习惯，营造文明和谐的乡风民俗。

（四）大力发展农村经济，增加农民收入

我们都知道，经济基础决定上层建筑。农民自身及其家庭的经济实力直接影响着其关于人情往来的认知和行为。笔者在农村

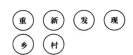

观察发现，对于经济条件较好的农民来说，当前的人情消费压力还不是很大，人情开支占家庭总收入的比重一般低于20%，但对于低收入村民来说，人情消费压力就比较大了，人情开支占家庭总收入的比例达30%～50%。通过农村整体面貌的改善以及农民收入的增加可有效缓解农民人情消费的经济压力和心理压力。而且笔者分析发现一个非常有意思的现象，即经济条件较好的农民能够更加理性地看待人情往来，更能够理性自主地安排自身的生产生活，对人情往来的依附性相对较弱。因此，各级政府与各界力量以及农民自身应该更多地思考如何增收创收，增加农民及其家庭的自我保障能力。

第七篇

乡村治理

乡村文化是城镇化进程中美丽乡村建设的魂

马克思主义认为，文化是人们在一定的时空下的社会实践活动的产物。那么，乡村文化发育于农业社会，是农业社会发展的产物。长期以来，中国特有的农业生产方式造就了我国独特的乡村文化。乡村文化建设是我国国家文化建设的重要组成部分。搞好乡村文化建设，也是我们建设社会主义新农村的重要内容和内在要求，是满足农民精神文化需求及培养中国特色社会主义新型农民的重要途径和方法。乡村文化的繁荣与否关乎我国社会主义文化建设的大局，甚至是处于基础性的地位。当前我国的城镇化进程正在加速，城镇化已经获得了政府层面的大力支持。但是，我们不能忽视中国更为广阔的农村。农村是城镇化的基石，乡村文化建设能够繁荣乡村文化，推动农村更为丰富的精神生活，促进更多新型农民的成长，为他们建设农村或走向城市奠定更加高水平的文化视野和知识涵养。因此，进一步认清当前乡村的文化建设情况，知晓其中存在的难题，分析可能的机遇，提出相关的建设策略，意义重大。

一、当前我国乡村文化建设面临的主要难题

自工业革命以来，城市就以其强大的吸引力俘获着万般民众，创造了丰富多彩、富于活力的城市文化，迫使乡村文化逐渐处于一种边缘化和非主流的位置。城市文化的光环似乎压过了乡村文化的前途。在当前我国工业化、城镇化、信息化的演进过程中，同样发生着这样一幕：强势的城市文化压缩着乡村文化的生存空间，城乡文化之间的交流往往是城市文化向乡村文化的单向流动，使得乡村文化原本的形态遭受城市文化的强力渗透并逐渐失去了自身的文化基因。如今，不管是出于辨清中国文化的发展体系还是出于挽救乡村文化，或者说重新审视乡村文化价值重要性，都到了我们不得不去认真思考的关键时刻了。

第一，乡村文化建设缓慢的主要原因是乡村文化建设资源的严重缺失。自新中国成立以来，我国采取了一系列“重城市轻农村”的发展策略，文化事业的投入也采用了同样的策略，使得我国的文化资源投入长期处于不平衡状态。从表 7-1 可以看出，我国在城乡之间的文化投入严重不平衡，造成城乡文化发展水平长期不均衡，实现公共文化服务城乡均等化的任务非常艰巨。乡村文化事业财政投入的长期不足使得乡村的文化硬件设施落后，许多乡村文化馆和文化站因为经费不足而关闭。仍在使用的文化设施因长期得不到更新，面临破旧而无法继续使用的困境。这样一来，面对文化设施落后、文化经费紧缺等难题，很多的乡村文化活动无法开展，乡村文化建设水平仍然停留在多年以前。特别是与城市的文化建设相比，城乡之间的差距不是缩小了，而是拉大了。

表 7-1　2006～2010 年我国城乡文化事业投入经费对比情况[①]　　亿元

年份	城市	农村	全国
2006	113.43	44.60	158.03
2007	142.83	56.13	198.96
2008	181.45	66.59	248.04
2009	206.29	86.03	292.32
2010	206.65	116.41	323.06

第二，乡村文化建设缺乏活力的重要原因是乡村文化建设主体的严重缺失（特别是乡村文化精英的流失）。一个群体是否具有活力，既取决于群体中各个成员是否富于活力，又取决于这个群体中的精英分子是否具有活力，能不能带领群体一起创造创新，愿不愿意为群体的发展贡献力量。但当前我国乡村面临的一个残酷现实是，自全面改革开放以来，乡村中的青少年，特别是其中的精英分子，怀揣着发家致富的梦想离开了乡村，到更加现代化的城市求生存、谋发展。据国家统计局发布的《2014 年全国农民工监测调查报告》显示，“2014 年全国农民工总量为 27 395 万人。分年龄段看，农民工以青壮年为主。其中，16～20 岁的占 3.5%，21～30 岁的占 30.2%，31～40 岁的占 22.8%”[②]。16～40 岁的是人生的黄金时期，这一年龄段的人勇于接受新事物，思想活跃，敢于尝试、敢于创新，自我意识和自觉意识较强。他们正是乡村

① 截至本书完成时，最近几年的相关数据也没有找到，甚为遗憾。

② 中华人民共和国国家发展和改革委员会网站．统计局发布 2014 年全国农民工检测调查报告［EB/OL］．（http：//www.sdpc.gov.cn/fzgggz/jyysr/jqyw/201505/t20150529_694158.html）。

文化建设的重要主体，是农村社会的精英人才。但从现实情况来看，乡村社会精英的流失，使原来传统而又有地域特色的乡村文艺和民间绝技等面临着失传的危险境地，没有年轻人愿意去学习并传承具有特色的农村文化。更为糟糕的是，外出的农村精英长期受到城市丰富多彩的文化影响，面对城乡文化发展的差距，以及城市文化和外来文化带来的强烈冲击，改变着他们并深刻地影响着其他农民对乡土文化的认同与认知，使得农民自身在不经意间会排斥相对落后和单调乏味的农村文化，缺乏建设乡村文化的主动性、参与性，成为农村文化建设的局外人、旁观者。“农民整体文化素质相对偏低，而最具有文化活力的中青年人口长年累月流失在外，这不仅加剧了农村文化单调化的趋势，而且使国家诸多建设农村文化的政策和措施在农村基层社区难以落实到位。”[①] 农村社会精英对农村文化建设采取冷漠、消极的态度，使得农村文化建设失去源泉与活力[②]。

第三，农民参与乡村文化建设主动性不够的另一个重要原因在于现有的乡村文化建设体制削弱了农民的主体性。据笔者观察，我国当前在乡村公共文化建设上还缺乏整体的文化供给机制，在全国层面没有关于乡村文化事业发展的统筹机制。同时，乡村文化事业的发展缺乏社会力量的参与，造成政府精力不够，而其他社会组织或个人又难以参与到乡村文化的建设中。这主要是由于现有的乡村文化供给机制不畅造成的。比如，在管理体制上，政府既是乡村文化建设的管理者，又是乡村文化活动的经营者，这

---

① 张继涛，李玉婷．新农村文化建设主体辨析——基于政府、市场、社会关系视角的分析［J］．湖北大学学报（人文社科版），2011（3）：94—98．

② 吕宾．农民在农村文化建设中主体地位被弱化的原因与对策［J］．理论与改革，2013（2）：145—148．

就使得政府往往无意或有意地在工作中发生错位或是越位的行为，不经意间让乡村文化建设处于比较混乱的状态。在乡村文化建设管理上，国家对乡村文化建设的投入、收益以及从业人员都有着统一的规定，很多乡村文化建设者都是政府单位的工作人员，没有社会力量的参与，使得整个乡村公共文化机制缺乏竞争力，而且这些文化部门也没有内在的动力，农民对这些乡村文化建设者的态度也是敬而远之，反正不用自己交费就行，或者说，一旦需要农民赞助费用参与乡村文化建设，他们往往是持怀疑与抵制的态度，因而这类乡村文化建设者及其组织提供乡村公共文化服务的积极性不高，服务质量也不高。在乡村文化建设的机构设置上，不少乡村文化建设机构在派驻乡村的文化机构时存在着不规范和不对口的问题，而且存在着派出机构的垂直管理和所在地区的块状管理不协调的问题，这种多头管理的局面使得许多乡村文化建设管理问题不能得到及时有效的解决，大大降低了乡村文化建设的水平。这些方面的困惑，使得农民感受不到乡村文化建设的气氛，甚至拘束了农民在乡村文化建设中的主人翁精神，因而也就没有参与乡村文化建设的积极性和首创精神。

二、提升乡村文化建设水平的策略选择

乡村文化发育于乡村环境，是农民在生产生活过程中所创造的物质产品和精神产品的总和，也反映着农民的生产生活。因此，建设乡村文化必须扎根于乡村，以乡村的生产生活为基础，以农民为主体，以农业发展和农村进步为依托，反映农业、农村、农民的基本面貌，促进农业、农村和农民的内涵式高水平发展。

第一，推动农业及农村发展，奠定乡村文化建设的物质基础。在工业化、城镇化、现代化、信息化不可逆转的当今社会，农业、农村、农民只有顺应历史大潮，主动接纳新形势，完成由传统型向现代型的身份转型，才能有更加美好的未来。大势所趋，浩浩荡荡。只有农业发展了、农村进步了、农民富裕了，农业才可能给乡村文化建设提供产业基础，农村才可能给乡村文化建设提供发展空间，农民才可能有兴趣、有能力设想并践行乡村文化建设。“仓廪实而知礼节，衣食足而知荣辱。”只有农民没有了生存压力，有了更多的闲情逸致，才能从较为繁重的农业劳作中解放出来，有余力去从事或参加乡村文化活动。而且，在农村产业现代化发展的进程中，会无形中培养出农民合作与发展的意识，形成较好的农村公共意识形态，产生出一个有利于乡村文化建设的场域，奠定乡村文化建设的物质基础和能力基础①。

第二，营造良好的乡村文化生态，修复乡村社区的凝聚力。乡村文化生态是乡村人民文化活动所塑造的结果，也影响着生活于其中的乡村人民进一步的文化创造。从人文意义上来说，一个良好的乡村文化生态能够给生活在其中的乡村人民提供一种精神上的归属感，增强村民对村庄集体的认同意识，让生活其中的村民自觉地维护和促进乡村文化的发展，推动乡村文明的进步。而在目前我国的乡村建设之中，与农村经济发展相比，乡村空间并没有一些相配套的发展，大量农民外出打工，使得不少乡村并没有形成一种比较有利的可持续的乡村文化生态。这就使得村民们并没有良好的文化生活习惯和乡村文化创造激情，也没有形成村

① 韩文军．城镇化视角下乡村文化价值的发展策略［J］．人民论坛，2015（11）：184—186．

民之间的文化默契，缺乏乡村共同体意识。这种缺乏村民参与感的由村庄外力量主导的乡村文化建设活动往往效果不好，甚至会出现村民排斥乡村文化建设而不是配合支持乡村文化建设的现象，最为糟糕的情况是他们中的一些人甚至会去阻碍乡村文明的进步。因此，要进行乡村文化建设，还必须营造良好的乡村文化生态，提高乡村文化在村民们心中的感召力和内生力，让村民们在不自觉中实现乡村文化建设的自省自觉，让村民在乡村文化建设的自觉中受益。

第三，进行乡村文化民生建设，落实农民的精神福利。乡村文化建设是一个系统的工作，有赖于乡村民生状况的良好局面。"在新农村建设过程中，提高农民收入，减少农民工作强度是提高农民幸福感的物质手段，而让农民在自己的农村社区中寻找到归属感，并对未来的农村发展充满期待和信心，这是增强农民生活幸福感的精神手段，要想让农民对农村有着自发、自愿的自豪感和幸福感，必须进行乡村文化建设，围绕农民的精神需求，组织文化活动，让农民享受到乡村建设发展的成果。"① 让农民高高兴兴地感觉到乡村文化建设的切身实惠将因为自身的参与而扩大、而共享。因此，要加强乡村文化民生建设，提高村民们的生活幸福感，要注重农民精神层面的福利建设，让农民在参与乡村文化建设中感受到幸福与实惠。

第四，创新农村文化产品的供给方式，完善公共文化机构的服务规范和服务标准，强化服务功能，建立群众文化需求的反馈和公共文化评估机制，引导社会力量参与文化建设，推动形成政

① 韩文军. 城镇化视角下乡村文化价值的发展策略［J］. 人民论坛，2015（11）：184—186.

府主导、社会力量广泛参与的农村文化建设格局。乡村文化建设是全面而长期的事情，需要包括政府在内的多方面力量的全方位参与。未来，我们要更加看到政府以外的力量在乡村文化建设中的作用，积极推动乡村文化产品供给的多元化、多样化，政府只制定乡村文化发展的规划，然后采用政府购买、减免税收、公众定制等形式，鼓励民间组织、社会力量为乡村文化建设服务。

三、小结

分析发现，伴随着我国综合国力的全面提升，特别是农业生产力的极大解放，当前我国的乡村文化建设也实现了跳跃式的发展，取得了广泛的成就。但不可忽视的是，乡村文化建设仍然存在着一些亟待解决的问题。比如，城镇化中人们对乡村的重视或认同意识在逐渐下降，很多人，特别是农村中的精英分子不愿意在农村生活；乡村文化建设的地区差异日益显著，城乡文化建设的投入及其效果分化日益明显；部分地方党政领导干部仍然持有“重经济建设，轻文化建设”的落后思想，对推动乡村文化建设缺乏足够的自觉意识；乡村文化建设队伍数量不足、业务素质偏低，难以满足新时期乡村文化发展的时代要求；多头管理、条块分割的乡村文化建设体制导致乡村公共文化资源分散，难以发挥整体效益，甚至造成了不必要的浪费；乡村文化吸引力下降，甚至其中的一些文化元素不被看好、不被接纳；以农民群众文化需求为导向的公共文化服务多元供给方式尚未建立，造成政府责任过重而效果不明显的不利现状；乡村文化建设主要由村庄外部力量推动，而农民的主导性发挥不够；等等。

鉴于乡村文化建设的重要性，我们需要认真审视乡村文化建设中存在的不足，有针对性地高效推进乡村文化建设。考虑到乡村文化建设是一个庞大的系统工程，其中涉及农业生产方式和农民生活方式的完善与进步，关涉经济文明、政治文明、社会文明、生态文明等方方面面的建设，因此必须寻找乡村社会内部各方面、各要素之间的最优配置和有效整合，加强乡村内外各种社会力量的优化建构，培育中国特色的社会主义新型农民，营造乡村文化建设的积极氛围，为中国特色社会主义新农村的建设做出更大的努力。

农民市民化进程中不能缺失城市文化理念的培育

文化是人类在适应自然和改造自然过程中的产物，受其所依托的自然环境的影响。城市和乡村的文化由于其所依托的环境各异，形成了各自独特的文化理念。当前正是我国城镇化加速推进时期，农民市民化过程中受到的文化冲击必然相当大。笔者认为，农民市民化应该是一个包含农民户籍城市化、农民身份城市化、农民文化理念城市化等在内的有机整体。促进农民的市民化是一个系统的工程，其中不可忽视的是城乡文化理念的融合，甚至可以说这是最为核心的一环。离开了城乡文化的融合，新市民将会难以适应城市生活。良好的城乡文化融合将极大地推动农民市民化、城镇化进程，创造一个更加和谐的城市人居生态。据2015年12月23日国家发改委主任徐绍史介绍，目前正在推进《制定实施1亿非城镇户籍人口在城市落户方案》，这将有力地推动我国的城镇化进程，预计“到2020年城镇化率将在60%左右”①。届时，将会有更多的农民变成城市新市民。因此，认真审

---

① OECD：2015年中国城市化水平发展报告［EB/OL］. http：//www.199it.com/archives/342308.html.

视如何推动农民市民化[①]进程中的城市文化理念培育就显得更加重要。

一、城乡文化理念的显著差异

综合考察城乡文化，会发现城市文化和乡村文化差异很大，在很多方面都有着各自独特的认识与解读。这里选取了其中的一些重要差异。

（1）生活理念方面，城市热衷精致生活，乡村倾向乡土情怀。应该说，生活方式和习俗是文化的直观反映。一般而言，在生活理念方面，城乡之间是存在显著不同的。城市人因为有着比较规律的工作方式和生活安排，比较讲究生活质量，更加追求将自身的生活过得精细化，多一些生活情调。农村人面对的是农、林、牧、副、渔等生产，使得乡村生活相对比较粗野，更加符合自然界的特性，与自然界有着较大的协调性。比如，以吃饭为例，城市人可能在吃饭的时间安排、菜品搭配、营养搭配、就餐环境等方面都有着较多的考虑，而农村人只要满足清新可口，够饱、够分量，对其他的没有过多的讲究。当然，目前有些农村或者有些农村家庭也开始追求跟以往不同的生活方式，这主要是由这些年农村经济的发展以及城乡互动交流造成的城市文化对乡村文化的渗透所引发的。

---

① 城镇化的核心是“人”的城镇化，而不是“人口”的城镇化。“人”的城镇化不仅是农村人口向城镇集聚的过程，更意味着农村人口的身份、角色、生产生活方式及行为模式的转型。这种转型就被称为农民市民化。没有这种市民化的转型，仅仅是“人口”向城镇的集聚，带来的就将是低质量的城镇化。因此，提升城镇化质量的核心在于实现农村人口的市民化转型。农民市民化是坚持“以人为本”理念的内在要求，重点解决的是农民生产生活方式城市化和人的现代化问题。

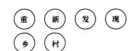

(2) 社交理念方面，城市重规则法治，乡村重人情热闹。城市是随着人们买卖、交换等各种人、财、物的聚集而形成的，来自四面八方的人们在之前并不熟知，是一个陌生人社会，彼此之间缺乏前期的信任。于是，为减少大家各自的交易成本，人们制定出了一系列的规章制度，大家按此各行其是。因此，城市人在社交理念方面更加看重规则，大家都按照规则有规矩地办事。而农村人由于农业生产的需要聚集在一个村庄，这个村庄相对封闭，除了农忙之时，大家都经常见面，形成了一个熟人社会。在熟人社会中，大家低头不见抬头见，形成了一种约定俗成的默契和不成文的村庄风化。农村人彼此之间的交往受到村庄风化的约束和其他村民的见证与监督，因此要讲究人情热闹。

(3) 利益理念方面，城市侧重互不侵犯，农村看重适当舍得。马克思主义认为，人的本质是各种社会关系的总和，社会性是人的本质属性。人活在世上就是为了追求自己的价值，而利益是价值体现的重要方面。由于城市是一个陌生人的社会，城市人需要安排好自己精致的生活，处处都需要钱，渐渐就形成了城市人都看重利益的行为方式，造成城市人的利益边界总是重叠甚至是跨界的，于是为保障大家的利益最大化，城市人各自往后退一点，达成了互不侵犯利益的最佳模式。而在进入现代市场经济以前的农村人都生活在自给自足的生产生活状态中，满足温饱不需要太多的生活成本，所以农村人往往愿意向亲友邻居馈赠一些自家生产的瓜果蔬菜等。但是我们也要看到这是处于自给自足状态下的农村，如果在受市场经济影响较大的地方，由于农民能获得的利益不多，也容易出现利益纠纷。

二、新市民城市文化理念培育的举措

在城镇化加速推进的今天，由于城乡文化理念的差异，农民市民化过程中必然遇到不适。如何排解不适，让这些新市民更快地融入城市，促进城乡和谐发展，需要我们从全局的角度思考新市民城市文化理念的培育。要注重城市文化建设，尤其要注重城市精神的铸造，以此彰显城市的开放、包容、竞争、合作品质，引导老市民以开放、包容的心态欢迎新市民的加入，引导新市民以开放的心态和革新的精神实现自我转型和重塑。

（1）政府要将新市民城市文化理念的培育纳入农民市民化体系。在我国，政府是中国特色社会主义伟大事业的重要主体，起着十分重要的作用。新市民城市文化理念的培育同样离不开政府的大力引导和培育，政府应将新市民城市文化理念的培育纳入农民市民化的整个体系。首先，政府在制定农民市民化政策时，要充分考虑城市与乡村之间的共通性与差异性，提前预计好农民进城可能会需要什么以及会带来什么。其次，政府要在农民的市民化过程中为农民适应城市文化提供支持和帮助，设立相关的城市文化周末课堂，请一些城市文化专家生动剖析城市文化的基本理念，以及请一些已经市民化了的农民讲解一些曾经遇到的因城乡文化差异造成的困惑及其解决办法。政府要鼓励城市老市民多多为新市民进行介绍，让老市民感觉到自己有责任帮助新市民更好地适应城市生活，一起携手打造美丽城市，实现自觉自省。再次，政府要加大新市民的就业工作投入力度，构建政府引导、多层次、市场化的就业培训机制，根据劳动力市场用人需求和结构变化，开展有针对性的职业技能培训，让新市民学会一技之长，实现稳定就业，让其在城市长期就业的过程中逐渐适应城市文化的要求。最后，要完善社会保障制度，建立健全农业转移人口社会保障体系，不断完善以就业、养老、医疗保障为主体，包括失业、工伤、生育、住房以及子女教育等在内的社会保障制度，做好与城镇居民社会保障的制度衔接，让他们平等享受“市民待遇”①。通过市民化待遇，让新市民感觉到自己就是市民，从而按照市民的文化模式行事。

（2）城市社区要积极包容和接纳新市民。农民市民化之后，就会分布在城市的各个社区，社区将成为这些新市民的重要生活载体。因此，社区要积极创造条件包容和吸纳新市民，为新市民更好地融入社区生活提供指导和便利。首先，城市社区要以开放的姿态欢迎新市民，让新市民有机会参加社区活动，并逐渐成为社区活动的组织者和资深参与者。其次，加强社区建设，按照党委领导、政府负责、社会协同、公众参与、法制保障的要求，以社区为重点，探索加强和创新社会管理的新模式，强化基层社区对新老居民的沟通力、协调力、服务力和引领力，增强新老市民对城市的认同感和归属感。②

（3）新市民自身要主动学习城市文化。农民自进城准备市民化的那一天起，就要意识到自己要到一个新的生活圈开启人生的新旅程，要做到观念意识的转变。首先，进城之前多阅读一些关于城市文化及其理念的书籍、报刊资料，对城市文化精神有一个前期性的导入。其次，进城之后要充分意识到城乡之间的文化理

---

① 刘利．新型城镇化与农民市民化协调发展［N］．光明日报，2014-05-22.

② 苟红礼．浅谈农民市民化的四个步骤［N］．贵州日报，2013-08-13.

念差距，不故步自封，积极融入城市生活，接收新观点、新理念。再次，新市民要积极参加城市活动，特别是所在社区的活动，在与其他市民的互动中养成新的行为习惯，积极理解新的行为习惯背后的内在精神。最后，新市民不可能一下子就把原有农村文化抛弃，而且农村文化中也有其合理成分，因此新市民要大胆利用新技术、新渠道将自身原有的农村文化理念进行创造性转化和合理取舍，实现城乡文化理念的积极对接。

农业引智：我国农业发展的他山之石

农业引智，即在农业领域引进专门人才或组织相关人员进行培训，学习掌握先进的农业管理经验和实用技术。目前我国的农业引智形式上以引进境外人才为主，内容上以实用技术为先，途径上以市场型和政策性并重。市场引智与政策引智都是引进外来智力，创造最大价值，但是在具体运作中存在较大差异。一般来说，政策引智更强调从国家或地方的发展战略出发，在政策的指引下因时因地进行。这里将集中阐述政策性农业引智。同时，应更为关注引智后智力因素的价值发挥问题，即从价值的实然描述状态转向价值发挥的动态应用过程。在这一过程中，引智的价值问题不再是作为一个前设性的命题，而是作为一个如何进行的设问，即如何推动引进的智力在农业领域的价值发挥。

一、引智与农业发展

新中国成立之初，毛泽东主席就讨论过对苏联等社会主义国家的智力引进问题。改革开放后，邓小平等中央领导同志更是大力推动智力引进工作的全面发展。1983 年国务院颁布《关于引进国外人才工作的暂行规定》，标志着我国智力引进事业进入全面开创、前所未有的新时期。十六大以来，胡锦涛同志多次指出，人才问题是关系党和国家事业发展的关键问题，人才资源是第一资源，已成为最重要的战略资源，强调“要善于利用国际、国内两种人才资源，做到自主培养开发人才和引进海外人才并重”。据报道，目前在国家高新技术开发区，有50%以上的高级管理人员是留学归国人员；在政府科技部门司局级领导中，有50%以上是留学归国人员。超过60%的大学校长和科研单位领导都有过留学经历，81%的中国科学院院士、54%的中国工程院院士是“海归”。引进智力已经成为推动我国科学发展、促进社会和谐及继续把改革开放伟大事业向前推进的重要支撑力量。

农业是经济社会发展的基石，而农业智力是农业进步的关键。现代农业是科学技术发展对农业的渗透与融合的产物。综观国内外农业发展进程，农业科技的每一次突破性进展都引起农业生产力水平的提高，使农业生产获得大幅度增长。据相关统计分析，21世纪初农业劳动生产率增长量中，科技贡献率不足20%，而进入21世纪，科技贡献率已达80%。农业能否满足人民消费需求的不断增长和国民经济持续发展的需要，关键在于农业科技的进步及其在农业生产中的应用。我国农业的技术创新说到底是如何对传统农业技术进行改造和利用的问题。我国传统农业技术曾经创造过令人惊叹的农业成果，维系了几千年的农业文明。然而，我国传统农业技术毕竟是建立在小农生产的基础上，以小农技术和经验为其存在形态，需要进行扬弃式的发展。将科学技术、知识技能作用于农业生产环节，积累于亿万农民体内，培育出新型农民，通过具体的农业实践活动使其知识技能得到深化，由此形成农业生产过程的自我增殖力，并成为现代农业持续发展的不可枯竭的动力源。

在我国，农业生产的快速发展主要得益于农业科技的重大突破和农业技术的创新，科技进步为中国农业发展做出了重大贡献。目前，在细胞工程、转基因技术、生物农药、良种培育等高新技术领域的研究中已取得可喜进展，有的已经达到或接近国际先进水平。农业科技进步贡献率由“九五”时期的45%提高到“十五”时期的48%，再到“十一五”时期的53%，再到“十二五”时期的56%[①]。农业科技方面首先起作用的就是良种选用和先进实用技术的创新、集成以及推广，它们极大地提高了我国农业的综合生产能力和资源的有效利用率。至2014年5月，我国的良种覆盖率超过了96%[②]。特别是我国的水稻育种、杂交水稻居于世界领先地位。另外，通过引进一些先进的耕作栽培技术，比如水稻旱育稀植、地膜覆盖、膜下滴灌等，大大提高了农作物的产量和农作物抵御自然灾害以及病虫害的能力。此外，设施农业、规模化养殖等技术的创新、集成与推广，都极大地促进了我国的农业发展。

二、我国农业引智工作的发展动态

（一）初步引进阶段：1949～1978年

我国农业引智工作的初步阶段重于技术的引进，尤其是一些急需的基本技术。20世纪50年代，我国主要同苏联和东欧一些社会主义国家开展科技合作交流，同亚洲一些国家也有一些合作，合作的方式为互派专家和留学生、相互交流农业技术和交换动植

① 农业科技进步贡献率达56%［EB/LO］．网易财经．(2015-01-27)［2014-04-15］．http：//money.163.com/15/0127/09/AGV5758J00254TI5.html.

② 农业部：我国良种覆盖率超96%［N］．北京商报，2014-05-21.

物品种资源。20 世纪 60 年代至 20 世纪 70 年代中期，我国农业科技合作重点转向发展中国家和少数发达国家，进行少量的技术交流和种质资源交换。20 世纪 70 年代随着中美、中日关系的解冻，我国开始与美国、英国等西方国家开展农业合作。这一时期，虽然我国农业技术和智力引进工作活动范围较窄，而且是一种比较纯粹的技术引进活动，消化和吸收技术的能力较低，二次创新能力较弱，但这一时期的农业技术和智力引进极大提高了我国的农业技术水平和农业技术研究能力，涌现出一大批农业技术研究和应用的机构，为我国农业的技术和智力发展奠定了良好基础。

（二）扩大提高阶段：1978～1995 年

20 世纪 70 年代末，我国不断加强和扩大农业技术和智力引进工作，先后同世界银行、亚洲开发银行、联合国粮农组织、世界粮食计划署、国际农业发展基金、国际农业研究磋商小组等主要国际金融和农业组织及世界上 140 多个国家建立了交流与合作关系，为农业技术引进创造了一个良好的国际环境，引智工作开始向求质量方向发展。

在种质资源引进利用方面，我国与 80 多个国家和地区建立了品种资源交换关系。通过引进与交换，极大地丰富了我国的遗传资源基础，有力地促进了农产品品种的改良和创新，大大提高了农作物产量和品质。在科研仪器设备方面，我国先后引进了土壤分析仪、电子计算机、电子显微镜、高压液相色谱仪、人工气候箱、原子吸收分光光谱仪等，重点装备了中国农科院及一些省、市、自治区农科院的 31 个实验室。在联合国开发计划署和粮农组织的帮助下，我国还引进了农业遥感技术设备，在北京、哈尔滨、成都、南京几个地区建立了农业遥感中心，还从美国、加拿大、德国等国家引进了马铃薯加工、葡萄酒酿造、通心粉加工、皮革加工等设备。在人才培养与软智力引进方面，我国通过公派留学和研修等途径派出访问学者和留学生6 000多人，研修生近8 000人。20世纪80年代初期，我国首先通过国际农业研究中心的渠道，由中国农科院组织和协调，从全国各省农科院选拔一些有一定英语基础和工作经验的中青年科技人员到国际水稻研究所、国际玉米小麦改良中心等国际农业研究中心进修，参加短期培训班以及巡回考察。我国还选派了一批中青年科技人才作为访问学者赴国外进行研究，或到国外攻读学位，这些人学成回国后，大多成了学术带头人。

（三）多样化发展阶段：1996～2005年

为增强我国农业科技研究能力，提高农业生产水平，这一时期，国家专门设立引进国外农业先进技术项目计划，加大农业技术的引进力度。这一阶段智力引进重点放在以下方面。

（1）紧密围绕我国农业和农村经济结构调整和优化，促进农业产业化，加快农业科技进步，发展乡镇企业，加强农产品市场建设及增加农民收入。项目实施重点：①与农、林、水等有关部门密切配合，积极为国家和地方重点种子工程、节水灌溉、生态保护、荒漠治理、灾害预防和农业可持续发展服务；②大力引进和推广国外优秀的农作物新品种、先进的农业科学技术和管理经验，办好现有的农业引智成果推广示范基地；③通过引进国外智力，促进农业产业化，促进乡镇企业的机构调整和体制创新，提高技术水平和综合效益。

（2）为配合西部大开发战略实施，国外智力引进工作要紧密结合，提供智力资源支持。

(四)深化发展阶段:2006年以来

2006年以来,我国农业引智工作展现出两大特色:一是从技术引进到技术推广,二是从生产领域到流通领域。我国为解决“三农”问题,围绕农业和农村经济结构的调整与优化,持续引进和推广农业优良品种、先进技术与管理经验,推动农业引智成果产业化,成功引进和推广了超级小麦育种、马铃薯整薯等栽培技术,引进和推广了坚果、大樱桃、玫瑰油、热带亚热带特色水果等,举办了晋、冀、鲁、豫、苏、皖六省农业引智成果精品现场展示观摩等活动;为培养新农村建设的急需人才,组织了赴日“一村一品”等专题培训团;在农业引智成果推广和基地建设方面,新认定了几十个国家级智力引进成果示范推广基地和引智示范单位。

2007年,我国坚持“以我为主、为我所用、更有成效”的方针,积极引进海外人才和智力,农业引智紧紧服务社会主义新农村建设,促进了城乡统筹发展。第一,实施新农村建设引智工程。第二,加强引进项目的示范推广,对已取得成果的农业项目进行前期示范推广,使更多农民直接受益,为农业主管部门的大范围推广做好技术和管理方面的必要准备。第三,提升引进成果的产业化能力,配合主管部门做好“一村一品”示范推广项目,使农业引智成果逐渐形成产业化能力。第四,启动千村引智示范项目,为进一步推动农业引智成果进村入户,帮助农民致富,十个试点省区根据本地农业及农村发展的重点制定了“千村引智”工作方案并根据农时逐步落实;鼓励各地探索利用经济手段推广引智成果,让农民从中获得实实在在的经济利益,积累一些有地方特色、行之有效的经验,为全面实施“千村引智”工程打下良好的基础。

第五，启动“农超对接”“农社对接”项目，运用国外的流通管理经验服务农产品的流通。不难看出，现阶段我国农业引智已经由单纯侧重技术引智转向技术引智与管理经验引智相结合，由侧重生产、种植领域转向生产领域与流通领域的结合。

三、新时期深化农业引智工作的几点思考

我国的农业引智已经从“引进什么”“怎么引进”转向“如何运用”“怎么应用”的新阶段。基于此，笔者有如下几点建议。

(1) 优化引进人才质量，建立农业引智人才库。引智归根结底就是人才的引进。其一，要把好人才引进关，注重人才的单兵技术能力，尤其是一些核心技术的掌握程度。其二，要优化引进人才的知识结构，设立农业人才库。目前，我国的农业引智已经初具规模，并朝着更宽、更广的领域发展。此时，就需要对整体的引智人才进行合理高效的使用，使其智力发挥尽可能大的效能。但是，我国目前的引智人才应用还基本处于“单兵作战”的阶段，对引智人才整体没有一个合理的统筹规划，因此急需建立引智人才库，借助发达的网络系统，引智人才库完全可以实现网络运行。

(2) 建立农业引智人才使用标准。人才引进后，能否发挥应有效能，关键在于如何使用。因而，需要建立一个体系完备、指标量化的人才使用标准，特别是对于政策性农业引智，至少应做到两点。一是人才使用前的筛选机制。如我们该选择什么样的专业作为主要引进对象、引智类型又该集中在哪些方面、引智的条件是否应该随着社会的变化做出适当的调整等。二是人才使用中的激励保障机制。在引智人才使用方面，我们尚没有一个清晰的

制度性框架。很多人才往往在引进的时候踌躇满志、雄心勃勃，而一旦到了具体的运作中，难以发挥真正特长，即人才引进后的下游问题。应考虑智力人才的使用在具体运作中会涉及哪些相关的具体利益部门，又应该包括哪些指标，评价机构与机制又该如何，应该以怎样的形式加以规定，等等。

（3）加大政策性支持力度，建设配套法律法规体系。我国农业引智基本遵循国家指导、地方主导的模式，故应充分发挥国家和地方的双重优势。尤其是地方，如何给予人才更多的便利条件、更多的主动权使其真正发挥作用，应成为未来引智问题的重心，而这种支持需要明确的法律法规加以确认。法制可以使得原有的政策纳入常规化、程式化体制，使之有章可循、具有确定性，如此则使得原有的措施更具稳定性。

（4）落实示范基地的榜样作用。引智示范基地是我国农业引智的排头兵，发挥好示范基地的作用是合理消化外来智力的关键。因而，应给予引智示范基地更多的政策性支持和资金扶持，更好地将其纳入国家重点引智项目的范畴，为国家建设发挥更大的作用。

参考文献

一　专著部分

[1] 毛泽东．毛泽东选集：第1卷［M］．北京：人民出版社，1991.

[2] 毛泽东．毛泽东农村调查文集［M］．北京：人民出版社，1982.

[3] 习近平．摆脱贫困［M］．福州：福建人民出版社，2014.

[4] 习近平．习近平谈治国理政［M］．北京：外文出版社，2014.

[5] 习近平．干在实处走在前列：推进浙江新发展的思考与实践［M］．北京：中共中央党校出版社，2013.

[6] 费孝通．江村农民生活及其变迁［M］．兰州：敦煌文艺出版社，1997.

[7] 费孝通．乡土中国生育制度［M］．北京：北京大学出版社，1998.

[8] 费孝通，张之毅．云南三村［M］．北京：社会科学文献出版社，2006.

[9] 杨松华．大一统制度与中国兴衰［M］．北京：北京出版社，2004.

[10] 林耀华．金翼：中国家族制度的社会学研究［M］．北京：生活·读书·新知三联书店，1989.

[11] 林耀华．义序的宗族研究［M］．上海：上海三联书店，2000.

[12] 庄孔韶．银翅：中国的地方社会与文化变迁［M］．北京：生活·读书·新知三联书店，2015.

[13] 阎云翔．礼物的流动：一个中国村庄的互惠与社会网络［M］．上海：上海人民出版社，2000.

[14] 阎云翔．私人生活的变革：一个中国村庄的爱情、家庭与亲密关系

(1949—1999)［M］. 北京：社会科学文献出版社，2005.

［15］杨懋春．一个中国村庄：山东台头［M］. 南京：江苏人民出版社，2001.

［16］唐军．蛰伏与绵延：当代华北村落家族的生长历程［M］. 北京：中国社会科学出版社，2001.

［17］冯尔康．中国宗族社会［M］. 杭州：浙江人民出版社，1994.

［18］吴毅．村治变迁中权威与秩序［M］. 北京：中国社会科学出版社，2002.

［19］温铁军．中国农村基本经济制度研究［M］. 北京：经济科学出版社，2000.

［20］温铁军．三农问题与世纪反思［M］. 北京：生活·读书·新知三联书店，2005.

［21］许勇．中国农村村民自治［M］. 武汉：华中师范大学出版社，1997.

［22］陈吉元．中国农村社会经济变迁（1949—1989）［M］. 太原：山西经济出版社，1993.

［23］延安农村调查团．米脂县杨家沟调查［M］. 上海：上海三联书店，1957.

［24］陆学艺．联产承包责任制研究［M］. 上海：上海人民出版社，1986.

［25］陆学艺．改革中的农村与农民：对大寨、刘庄、华西等13个村庄的实证研究［M］. 北京：中共中央党校出版社，1992.

［26］孙达人．中国农民变迁论［M］. 北京：中央编译局出版社，1996.

［27］曹幸惠．旧中国苏南农家经济研究［M］. 北京：中央编译出版社，1996.

［28］秦晖，苏文．田园诗与狂想曲［M］. 北京：中央编译出版社，1996.

［29］秦晖．耕耘者言：一个农民学研究者的心路［M］. 济南：山东教育出版社，1999.

［30］秦晖．农民中国：历史反思与现实选择［M］. 郑州：河南人民出版社，2003.

［31］王沪宁．当代中国村落家族文化：对中国社会现代化的一项探索［M］．上海：上海人民出版社，1991.

［32］成汉昌，刘一皋．中国当代农民文化："百村"调查纪实［M］．郑州：中原农民出版社，1992.

［33］曹锦清，张乐天，陈中亚．当代浙北乡村的社会文化变迁［M］．上海：上海远东出版社，2001.

［34］曹锦清．黄河边的中国：一个学者对乡村社会的观察与思考［M］．上海：上海文艺出版社，2000.

［35］张乐天．告别理想：人民公社制度研究［M］．北京：东方出版中心，1998.

［36］王春光．社会流动和社会重构：京城"浙江村"研究［M］．杭州：浙江人民出版社，1995.

［37］张仁寿，李红．温州模式研究［M］．北京：中国社会科学出版社，1990.

［38］李昌平．我向总理说实话［M］．北京：光明日报出版社，2002.

［39］杜润生．杜润生自述：中国农村体制变革重大决策纪实［M］．北京：人民出版社，2005.

［40］王铭铭．村落视野中的文化与权力：闽台三村五论［M］．北京：生活·读书·新知三联书店，1997.

［41］王铭铭．社会人类学与中国研究［M］．北京：生活·读书·新知三联书店，1997.

［42］王铭铭，王斯福．乡土社会的秩序，公正与权威［M］．北京：中国政法大学出版社，1997.

［43］王晓毅．血缘与地缘［M］．杭州：浙江人民出版社，1993.

［44］周晓虹．传统与变迁：江浙农民的社会心理及其近代以来的嬗变［M］．北京：生活·读书·新知三联书店，1998.

［45］林毅夫．制度、技术与中国农业发展［M］．上海：上海人民出版社，

上海三联书店，1994.

［46］林毅夫．再论制度、技术与中国农业发展［M］．北京：北京大学出版社，2000.

［47］张静．基层政权：乡村制度诸问题［M］．北京：浙江人民出版社，2000.

［48］荣敬本，崔之元，王拴正，等．从压力型体制向民主合作体制的转变：县乡两级政治体制改革［M］．北京：中央编译出版社，1998.

［49］荣敬本，高新军，杨雪冬，等．再论从压力型体制向民主合作体制的转变：县乡两级政治体制改革的比较研究［M］．北京：中央编译出版社，2001.

［50］马戎．中国乡镇组织变迁研究［M］．北京：华夏出版社，2000.

［51］傅上伦．告别饥饿：一部尘封十八年的书稿［M］．北京：人民出版社，1999.

［52］陈桂棣，春桃．当代中国农民调查［M］．北京：人民文学出版社，2004.

［53］郑大华．民国乡村建设运动［M］．北京：社会科学文献出版社，2000.

［54］张鸣．乡村社会权力和文化结构的变迁［M］．南宁：广西人民出版社，2001.

［55］张鸣．乡土心路八十年：中国近代化过程中农民意识的变迁［M］．上海：上海三联书店，1997.

［56］朱晓阳．罪过与惩罚：关于一个村庄的社会学叙事［M］．天津：天津古籍出版社，2003.

［57］曹正汉．信念、效率与制度变迁：广东省中山市崖口村公社制度研究（1980—1999）［M］．北京：中国经济出版社，2002.

［58］田锡全．革命与乡村：国家、省、县与粮食统购统销制度（1953—1957）［M］．上海：上海社会科学院出版社，2006.

［59］黄荣华．革命与乡村：农村地权研究（1949—1983）：以湖北省新洲县

为个案［M］. 上海：上海社会科学院出版社，2006.

［60］凌志军．历史不再徘徊：人民公社在中国的兴起与失败［M］. 北京：人民出版社，1996.

［61］高化民．农业合作化运动始末［M］. 北京：中国青年出版社，1999.

［62］应星．大河移民上访的故事：从“讨个说法”到“摆平理顺”［M］. 北京：生活·读书·新知三联书店，2001.

［63］侯永禄．农民日记：一个农民的生存实录［M］. 北京：中国青年出版社，2006.

［64］韩敏．回应革命与改革：皖北李村的社会变迁与延续［M］. 南京：江苏人民出版社，2007.

［65］贺雪峰．乡村研究的国情意识［M］. 武汉：湖北人民出版社，2004.

［66］吴毅．小镇喧嚣：一个乡镇政治运作的演绎与阐释［M］. 北京：生活·读书·新知三联书店，2007.

［67］黄平．乡土中国与文化自觉［M］. 北京：生活·读书·新知三联书店，2007.

［68］郑杭生．社会学概论新修［M］. 北京：中国人民大学出版社，2003.

［69］风笑天．社会学研究方法［M］. 北京：中国人民大学出版社，2000.

［70］罗必良．现代农业发展理论［M］. 北京：中国农业出版社，2009.

［71］李小云，左停，叶敬忠．2008中国农村情况报告［M］. 北京：社会科学文献出版社，2009.

［72］李小云，左停，叶敬忠．2006—2007中国农村情况报告［M］. 北京：社会科学文献出版社，2008.

［73］陈柏槐．现代农业发展的理论与实践［M］. 北京：中国农业出版社，2008.

［74］张五常．佃农理论：应用于亚洲的农业和台湾的土地改革［M］. 北京：商务印书馆，2001.

［75］张仲礼．中国绅士：关于其在十九世纪中国社会中的作用的研究［M］.

上海：上海社会科学院出版社，1991.

［76］钱理群．寻找北大：温习一些故事和一些精神［M］．北京：中国长安出版社，2008.

［77］邑中平．教育目的论［M］．武汉：湖北教育出版社，2004.

［78］于建嵘．岳村政治：转型期中国乡村政治结构的变迁［M］．北京：商务印书馆，2001.

［79］傅颀．重解资本收益：人力资本视角下的资本收益研究［M］．上海：复旦大学出版社，2008.

［80］亨利·基辛格．论中国［M］．胡利平，等译．北京：中信出版社，2014.

［81］西奥多·W．舒尔茨．改造传统农业［M］．梁小民，译．北京：商务印书馆，1999.

［82］J．米格代尔．农民、政治与革命［M］．李玉琪，等译．北京：中央编译出版社，1996.

［83］詹姆斯·斯科特．农民的道义经济学［M］．程立显，等译．南京：译林出版社，2001.

［84］埃弗里特·M．罗吉斯，拉伯尔·J．伯德格．乡村社会变迁［M］．王晓毅，等译．杭州：浙江人民出版社，1988.

［85］张鹏．城市里的陌生人［M］．袁长庚，译．南京：江苏人民出版社，2014.

［86］黄宗智（Philip C. C. Huang）．华北的小农经济与社会变迁［M］．北京：中华书局，1986.

［87］黄宗智（Philip C. C. Huang）．长江三角洲的小农家庭与农村发展［M］．北京：中华书局，1992.

［88］施坚雅．中国农村的市场与社会结构［M］．史建云，等译．北京：中国社会科学出版社，1999.

［89］弗里曼，毕克伟，赛尔登．中国乡村，社会主义国家［M］．陶鹤山，

译．北京：社会科学文献出版社，2002.

［90］马若孟．中国农民经济：河北和山东农业发展 1890—1949［M］．史建云，译．南京：江苏人民出版社，1999.

［91］黄树民．林村的故事：1949 年后的中国农村变革［M］．北京：生活·读书·新知三联书店，2002.

［92］彭尼·凯恩．1959—1961 中国的大饥荒［M］．郑文鑫，等译．北京：中国社会科学出版社，1993.

［93］韩丁．翻身中国：一个村庄的革命纪实［M］．北京：北京出版社，1980.

［94］韩丁．深翻：一个中国村庄的继续革命纪实［M］．北京：中国国际文化出版社，2008.

［95］菲利普·库姆斯．世界教育危机［M］．赵宝恒，译．北京：人民教育出版社，2001.

［96］查尔斯·赖特·米尔斯．权力精英［M］．许荣，等译．南京：南京大学出版社，2010.

［97］杨美惠．礼物、人情与宴席：中国人社会关系的艺术［M］．赵旭东，译．上海：上海人民出版社，2001.

［98］伊莎贝尔·柯鲁克，大卫·柯鲁克．十里店：中国一个村庄的群众运动［M］．安强，等译．北京：北京出版社，1982.

［99］A. 恰亚诺夫．农民经济组织［M］．萧正洪，译．北京：中央编译出版社，1996.

［100］布洛赫．法国农村史［M］．余中先，等译．北京：商务印书馆，1991.

［101］孟德拉斯．农民的终结［M］．李培林，译．北京：中国社会科学出版社，1991.

［102］莫里斯·弗里德曼．中国东南的宗族组织［M］．刘晓春，译．上海：上海人民出版社，2000.

［103］杜赞奇．文化、权力与国家：1900—1942 年的华北农村［M］．王福

明，译．南京：江苏人民出版社，1994.

二 论文部分

[1] 温铁军．“三农问题”世纪末的反思 [J]. 读书，1999 (12)：4—12.

[2] 陆学艺．中国“三农”问题的由来和发展 [J]. 当代中国史研究，2004 (3)：4—15.

[3] 于建嵘．农民有组织抗争及其政治风险 [J]. 战略与管理，2003 (3)：1—16.

[4] 于建嵘．农村黑恶势力与基层政权退化 [J]. 经济管理文摘，2004 (3)：40—45.

[5] 宋丽娜．“重返光棍”与农村婚姻市场的再变革 [J]. 中国青年研究，2015 (11)：84—90.

[6] 朱冬梅，徐双爽．社会变迁视角下农民工婚姻危机的成因研究 [J]. 成都师范学院学报，2015，31 (9)：119—124.

[7] 郭于华，孙立平．诉苦：一种农民国家观念形成的中介机制 [J]. 中国学术，2002 (4)：130—157.

[8] 郭于华．“道义经济”还是“理性小农”：重读农民学经典论题 [J]. 读书，2002 (5)：104—110.

[9] 秦晖．“大共同体本位”与传统中国社会 [J]. 社会学研究，1998 (5)：14—23.

[10] 秦晖．农民、农民学与农民社会的现代化 [J]. 中国经济史研究，1994 (1)：127—135.

[11] 兰林友．村落研究：解说模式与社会事实 [J]. 社会学研究，2004 (1) 64—74.

[12] 刘洋．征服：一个村庄土地改革的口述史研究 [D]. 北京：中国人民大学，2004.

[13] 王兵．土地改革与乡村控制：新中国土地改革意义的再分析 [D]. 北

京：中国人民大学，2005.

［14］厉娜．虚幻的崛起：毛泽东树立的农业先进典型李村述论［D］．北京：中国人民大学，2006.

［15］魏霞．农村养老方式的变迁：以内蒙古W村为例［D］．北京：中央民族大学，2007.

［16］乐章．风险与保障：基于农村养老问题的一个实证分析［J］．农业经济问题，2005（9）：68—73.

［17］姜向群，万红霞．人口老龄化对老年社会保障及社会服务提出的挑战［J］．市场与人口分析，2005，11（4）：67—71.

［18］曾祥明．“五句话”话农村老年生活现状及其保障［J］．中国集体经济，2008（25）：191—192.

［19］刘立明．土地承包经营权与农民社会保障权的关系及启示：基于法社会学的视角［J］．武汉：华中农业大学学报（社会科学版），2012（1）：53—56.

［20］姜向群．改革开放以来中国老年社会保障制度的发展变革及政策思考［J］．人口研究，2009，33（2）：20—31.

［21］许放明，宁晶．“推—拉”合力：新生代农民工返乡婚嫁的一个解释框架［J］．浙江学刊，2015（5）：199—204.

［22］国家外国专家局．改革开放以来引智工作的发展历程和基本经验［J］．国际人才交流，2009（10）：15—18.

［23］邓宗兵，王炬．中国农业科技的主要问题和发展对策［J］．科技导报，2001，19（12）：45—49.

［24］戴荣里．北京市外来务工人员对城市安全的影响及对策［C］//2012城市国际化论坛——世界城市：规律、趋势与战略选择论文集，2012.

［25］侯亚非，德挺．北京市外来人口特征变化分析［C］//和谐社会：自主创新与文化交融——2006学术前沿论坛论文集（上卷），2006.

［26］乔晓春．北京市人户分离人口状况分析及户籍制度改革的设想［J］．人口与发展，2008，14（2）：2—14.

[27] 李俊．大学生就业现状分析及其就业建议［J］．经营管理者，2009（4X）：275—275.

[28] 邓艳红．以新基础教育引领西部农村的和谐发展：论西部民族地区农村基础教育的经济社会价值［D］．北京：中央民族大学，2006.

[29] 王标．西南农村义务教育三级课程实施研究［D］．重庆：西南大学，2013.

[30] 肖军虎．县域城乡义务教育均衡发展研究：基于对山西省隰县、浮山县、侯马市和古交市4个县（市）的调研［D］．武汉：华中师范大学，2012.

[31] 曾祥明．当前我国农村教育现状及其和谐建构：以江西省M村为例［J］.三峡论坛，2015（1）：91—94.

[32] 魏晓娟．农村青年闪婚的心理基础及引导路径［J］．中国青年研究，2015（9）：84—88.

[33] 高正绪．山区农村寄宿保育制小学研究［J］．现代中小学教育，2002（10）：1—4.

[34] 胡月英，蒋德勤．农村中等职业教育发展中存在的问题与对策［J］．安徽行政学院学报，2006（8）：53—56.

[35] 段成荣，周福林．我国留守学生状况研究［J］．人口研究，2005，29（1）：29—36.

[36] 苏萍．我国农村留守学生研究综述［J］．现代教育科学，2007（12）：66—67.

[37] 李翠英．农村外出务工父母与留守子女沟通频率对子女行为的影响研究［J］．长沙铁道学院学报（社会科学版），2006，7（2）：119—120.

[38] 殷世东，张杰．农村“留守”学生行为：失范与矫正［J］．教育导刊，2006（11）：59—60.

[39] 张威．新时期农业现代化视域下我国农村教育问题研究［D］．成都：西南石油大学，2015.

[40] 邵利．农村教育公平性研究：以长春市J地区为例［J］．吉林大

学，2015.

［41］葛新斌．关于我国农村教育发展路向的再探讨［J］．中国农业大学学报（社会科学版），2015，32（1）：99—105.

［42］于伟，张鹏．我国省域农村教育与农业现代化的耦合协调发展［J］．华南农业大学学报（社会科学版），2015（1）：16—24.

［43］武晓伟，朱志勇．传统与现代：文化哲学视域下的农村教育研究［J］．湖南师范大学教育科学学报，2014（6）：65—71.

［44］张天雪，黄丹．农村教育"内卷化"的两种形态及破解路径［J］．教育发展研究，2014（11）：30—35.

［45］苏刚，曲铁华．现代化进程中我国农村教育价值取向的嬗变及重构［J］．内蒙古社会科学（汉文版），2014，? 35（2）：12—16.

［46］杨润勇．我国十年农村教育政策进展与分析［J］．国家教育行政学院学报，2013（12）：3—10.

［47］周晔．城镇化背景下的农村教育新探［J］．河北师范大学学报（教育科学版），2013，15（7）：17—21.

［48］杜育红．农村教育：内涵界定及其发展趋势［J］．华南师范大学学报（社会科学版），2013（1）：21—24＋159.

［49］蒋燕，叶敬忠．农村学校的规训与"差生"的制造：对四川省洪峰中学的质性研究［J］．清华大学教育研究，2015（5）．

［50］刘云博，白华．新型城镇化进程中农村教育的问题与对策［J］．长安大学学报（社会科学版），2015，17（3）：109—113.

［51］王禛．农村小班化教学模式初探［J］．中国校外教育，2015（9）：29—29.

［52］田夏彪．迷失与方向：农村教育城镇化转型误区的突围［J］．教育理论与实践，2015（25）：6.

［53］王广飞．城镇化进程中农村教育公平状况分析：价值向度、多重困境与机制保障［J］．农村经济，2015（9）：115—119.

［54］张家勇，朱玉华．农村教育复兴：可能与方向［J］．中小学管理，

2015 (10)：4—7.

[55] 张丽珍．“撤点并校”政策的演变轨迹、主导逻辑及优化机制 [J]. 四川师范大学学报（社会科学版），2015 (6)：63—69.

[56] 曲中林．城乡教师扁平化管理策略 [J]. 教育理论与实践，2014 (32)：26—28.

[57] 毕红微．新生代农民工的婚恋观研究：基于 H 市工厂工人的调查 [D]. 武汉：华中农业大学，2014.

[58] 谭秋桂．当代青年农民婚恋、生育心理浅探 [J]. 求索，1994 (4)：37—40.

[59] 蔡笑腾，白海军．家庭养老缺失及我国农村养老策略构想 [J]. 国家行政学院学报，2010 (2)：39—43.

[60] 钟建华，潘剑锋．农村养老模式比较及中国农村养老之思考 [J]. 湖南社会科学，2009 (4)：58—61.

[61] 王世斌，申群喜，余风．农村养老中的代际关系分析：基于广东省 25 个村的调查 [J]. 社会主义研究，2009 (3)：84—88.

[62] 汪沅，汪继福．制约农村养老社会化发展的因素分析 [J]. 人口学刊，2008 (3)：33—37.

[63] 赵立新．社区服务型居家养老：当前我国农村养老的理性选择 [J]. 广西社会科学，2006 (12)：139—143.

[64] 周晓虹．“中国研究”的国际视野与本土意义 [J]. 学术月刊，2010 (9)：5—13.

[65] 周晓虹．中国研究的可能立场与范式重构 [J]. 社会学研究，2010 (2)：1—29.

[66] 杜红．城镇化进程中女大学生就业的现实困境与出路选择 [J]. 青年文学家，2015 (36)：8—10.

[67] 王义杰．留守农民发展的现实困境与农村教育转型 [J]. 继续教育研究，2015 (12)：41—43.

［68］蒋大国，胡倩．新型城镇化进程中农民市民化的双重路径［J］．江汉大学学报（社会科学版），2015，32（1）：6—12.

［69］王娇娇．城镇化背景下农民工理性选择变迁［J］．企业改革与管理，2015（4X）：185.

［40］刘同君，张天翼．新型城镇化进程中创新农村社会管理的法理学思考［J］.江苏大学学报（社会科学版），2015（2）：63—68.

［71］任远，施闻．农村劳动力外出就业视角下的城镇化发展趋势［J］．同济大学学报（社会科学版），2015，26（2）：48—56.

［72］刘后平，邓霞，韩明月．新型城镇化与农民意愿［J］．山西财经大学学报，2015（S1）：18.

［73］张莉萍．新型城镇化背景下促进农民增收的对策研究：以河南省为例［J］．河南科技大学学报（社会科学版），2015（2）：64—68.

［74］翁贞林，阮华．新型农业经营主体：多元模式、内在逻辑与区域案例分析［J］．华中农业大学学报（社会科学版），2015（5）：32—39.

［75］余俊．中外农村城镇化比较研究［D］．武汉：华中科技大学，2007.

［76］郝文武．论城镇化进程中的农村学校布局问题［J］．教育研究，2011（3）：31—35.

［77］徐安勇：新型城镇化建设与农村劳动力转移就业的促进：以福建省为考察研究对象［J］．江汉学术，2013，32（5）：20—25.

［78］陈罗俊．城镇化与农村金融市场发展研究［J］．经济与管理，2012（10）：35—38.

［79］王爱华．新时期农村人口老龄化的困境与出路：基于城镇化视角的再审视［J］．经济问题探索，2012（12）：91—96.

［80］蔡赛妮．半城镇化农村地区村民自治现状研究［D］．上海：上海师范大学，2013.

［81］李亦楠，邱红．新型城镇化过程中农村剩余劳动力转移就业研究［J］．人口学刊，2014，36（6）：75—80.

[82] 陈继宁．论城镇化与新农村建设 [J]. 经济体制改革，2007 (5)：100—103.

[83] 孟晓颖，孙一恒．“城镇化”视域下的三农问题研究 [J]. 学习与探索，2015 (10)：114—116.

[84] 杨东平．农村学校向何处去 [J]. 中小学管理，2015 (10)：1.

[85] 孙虹乔，朱琛．中国城镇化与农村消费增长的实证分析 [J]. 统计与决策，2012 (5)：90—93.

[86] 靳小怡，催烨，郭秋菊．城镇化背景下农村随迁父母的代际关系：基于代际团结模式的分析 [J]. 人口学刊，2015，37 (1)：50—62.

[87] 孙正林，王立民．基于村庄演化视角的城镇化与新农村建设关系分析 [J]. 学习与探索，2015 (1)：117—120.

[88] 刘兆征．城镇化对新农村建设的影响分析 [J]. 求实，2013 (9)：84—88.

[89] 焦晓云．新型城镇化进程中农村就地城镇化的困境、重点与对策探析："城市病" 治理的另一种思路 [J]. 城市发展研究，2015，22 (1)：108—115.

[90] 张磊．试论新农村建设和城镇化并行发展关系 [J]. 社会科学战线，2011 (9)：48—53.

[91] 陈金干．城镇化进程中农村基础教育问题探究 [J]. 中国教育学刊，2009 (12)：18—20.

[92] 邓成超．我国农村剩余劳动力转移与城镇化的实现路径 [J]. 改革与战略，2013，29 (4)：87—90.

[93] 李曼．城镇化背景下失地农民社会保障问题研究 [J]. 经营管理者，2015 (26)：259.

[94] 徐国喜．新型城镇化过程中农村人力资源开发研究：以福建省莆田市为例 [J]. 海峡科学，2015 (9)：39—41.

[95] 李磊，俞宁．人口流动、代际生态与乡村民俗文化变迁：农村新生代影响乡村民俗文化变迁的逻辑路径 [J]. 山东社会科学，2015 (11)：97—101.

[96] 韩文军．城镇化视角下乡村文化价值的发展策略［J］．人民论坛，2015（32）：184—186.

[97] 张毅，郝彦宏．发展中的农民之困："千村调查"系列报告之四［J］．调研世界，2015（11）：27—31.

[98] 邵秀明，董显锋．浅谈农村留守儿童教育现状的成因及对策［J］．中国培训，2015（14）：28—286.

[99] 王义杰．留守农民发展的现实困境与农村教育转型［J］．继续教育研究，2015（12）：41—43.

[100] 余建川．城镇化建设中的农村环保问题及其法律规制：以湖北省荆州市秦市乡为例［J］．理论观察，2014（11）：97—98.

[101] 裴雪丽．农村生态文明建设的实践与思考：以河南内乡县为例［J］．边疆经济与文化，2014（9）：24—25.

[102] 郑万军．城镇化背景下农民土地权益保障：制度困境与机制创新［J］．农村经济，2014（11）：22—25.

[103] 杨文倩．农村城镇化进程中学前教育发展问题研究［J］．农村经济与科技，2014（9）：199—200.

[104] 刘邦凡，张伟芳，李建军．论我国农村养老保障体系理论研究及其价值［J］．农村经济与科技，2014（10）：125—126.

[105] 苟颖萍，单芳．新型城镇化视角下的农民素质培育问题探析：基于甘肃省农民素质问卷调查的分析［J］．农村经济与科技，2014（10）：172—174.

[106] 李强，王昊．中国社会分层结构的四个世界［J］．社会科学战线，2014（9）：174—187.

[107] 陈文超．诱致性变迁下的中国农村发展：读墨菲《农民工改变中国农村》［J］．中共福建省委党校学报，2014（11）：51—56.

[108] 黄怡．全球化、城镇化与新城市女性梦想［J］．山东女子学院学报，2014（6）：6—9.

[109] 张展新，王一杰．农民工市民化取向：放松城镇落户还是推进公共服

务均等化［J］. 郑州大学学报（哲学社会科学版），2014（6）：78—81.

［110］鄂媛媛．城镇化进程中农村义务教育的问题研究［J］. 理论观察，2014（10）：98—99.

［111］田夏彪．城镇化进程中农村教育发展误区的审视［J］. 继续教育研究，2014（12）：18—20.

［112］刘建．美丽乡村要表里如一［J］. 西部大开发，2014（11）：63—63.

［113］王国刚．关于城镇化发展中的几个理论问题［J］. 经济学动态，2014（3）：60—64.

［114］杨宇白，胡矿．我国城镇化建设中需要思考的几个问题［J］. 经济问题探索，2014（12）：85—89.

［115］刘亚娜．城镇化进程中北京失地农民养老保障问题浅析［J］. 改革与战略，2014（10）：119—124.

三　报纸与网站

［1］习近平．人民对美好生活的向往就是我们的奋斗目标［N］. 人民日报，2012-11-16.

［2］习近平．承前启后，继往开来，继续朝着中华民族伟大复兴目标奋勇前进［N］. 人民日报，2012-11-30.

［3］习近平．中国梦与包括美国梦在内的世界各国人民的美好梦想相通［N］. 人民日报，2013-06-09.

［4］习近平．习近平向全国广大教师致慰问信［N］. 人民日报，2013-09-10.

［5］习近平．北京要建成国际一流宜居之都［N］. 北京晨报，2014-02-27.

［6］龙露．去年底北京常住人口达 2114.8 万人［N］. 北京晚报，2014-06-18.

［7］薛冰等．专家指出大学生就业难九大原因［N］. 信息时报，2006-08-12.

［8］丁义浩．2008 年大学生就业现状采访调查［N］. 中国教育报，2008-02-24.

［9］崔雪芹．专访许智宏：学生学业有成是我最欣慰的事［N］. 科学时报，2008-04-21.

［10］刘义昆．“围着权力转”才是大学堕落的根源［N］．中国青年报，2008-05-08.

［11］从李湘的北大硕士看中国现代大学教育之怪现状［N］．科技日报，2011-09-13.

［12］谢晓怡．2010全国留守儿童超5800万，监护状况堪忧［N］．人民日报，2010-12-22.

［13］高文兵．从优秀传统文化中汲取实现中国梦的精神力量［N］．人民日报，2013-07-22.

［14］齐卫平．中国梦正在发挥巨大感召力：“中国梦的世界对话”国际研讨会发言摘编［N］．人民日报，2013-12-12.

［15］拉纳·米德．中国梦与欧洲梦［N］．人民日报，2014-01-20.

［16］胡锦涛．高举中国特色社会主义伟大旗帜为夺取全面建设小康社会新胜利而奋斗：在中国共产党第十七次全国代表大会上的报告［N］．人民日报，2007-10-15.

［17］陈昱阳．应对农村人口老龄化：积极构建城乡统筹的社会保障体系［N］. 人民日报，2011-04-29.

［18］叶紫．中国面对“未富先老”挑战［N］．人民日报（海外版），2011-05-19.

［19］刘威．以房养老的“中国式尴尬”：梦想何时照进现实？［EB/OL］．山东房地产网．(2011-12-05)［2015-10-16］. http：//www. sdfdc. com/news/html/2011-12-05/95173 _ 1. html.

［20］陈洁．农民婚恋观：变化静悄悄［N］．检察日报，2003-02-10.

［21］何烨．文化是美丽乡村的魂［N］．农民日报，2015-12-16.

［22］魏小兵，张凤云．美丽乡村建设要坚持创新与传承［N］．农民日报，2015-12-10.

［23］祝梅．美丽乡村近悦远来［N］．浙江日报，2015-12-10.

［24］张立东，尹勇．深化农村精神文明建设，扎实有效建设美丽乡村［N］．四川日报，2015-12-10.

［25］卢希望．群众是美丽乡村建设的关键［N］．学习时报，2015-12-10.

［26］徐琳．金融服务美丽乡村［N］．浙江日报，2015-12-07.

［27］汤瑜．美丽乡村，法治引领［N］．民主与法制时报，2015-12-06.

［28］孔晓宁，管志华．美丽乡村看安吉［N］．人民日报（海外版），2015-12-05.

［29］彭正章．扶贫攻坚扮靓“美丽乡村”［N］．云南日报，2015-12-04.

［30］张文红．美丽乡村人心爽［N］．安阳日报，2015-12-03.

［31］四建磊．以新的发展理念引领美丽乡村建设迈上新台阶［N］．河北日报，2015-12-02.

［32］董立龙．美丽乡村变身旅游景点［N］．河北日报，2015-12-02.

［33］陈发明．建设美丽乡村要因地制宜［N］．经济日报，2015-12-02.

［34］杨柳青，田甜．以精神文明建设为美丽乡村添靓色［N］．湖南日报，2015-11-28.

［35］冯雷．“小镇文化”闯新路［N］．农民日报，2015-11-26.

［36］刘登强．农业产业化与农村城镇化协调发展的思考与建议［N］．中共经济时报，2015-12-09.

［37］杨朝清．“新娘集体逃跑”背后的农村婚恋困境［N］．中国妇女报，2015-05-09.

在路上

（代后记）

“农，天下之大本。”离开了农业的发达、农村的繁荣、农民的富强，没有“三农梦”的支持，“中国梦”将变得空洞、缥缈。农业是我们实现“中国梦”的重要基础，农村是我们实现“中国梦”的重要舞台，农民是我们实现“中国梦”的重要力量。党中央英明地看到了这一点，在2015年10月29日党的十八届五中全会通过的《中共中央关于制定国民经济和社会发展第十三个五年规划的建议》中提出，“农业是全面建成小康社会、实现现代化的基础”，要“推动城乡协调发展……拓展农民增收渠道，完善农民收入增长支持政策体系，增强农村发展内生动力”。在2015年12月24日至25日举办的中央农村工作会议上，习近平总书记强调，“重农固本，是安民之基……必须坚持把解决好‘三农’问题作为全党工作重中之重”。足见，党和国家高度重视“三农”发展，寄希望于“三农梦”与“中国梦”互联互通，以“三农梦”奠定实现“中国梦”的伟大基石。

“三农”问题是关系改革发展稳定大局的基础性和战略性问题。只有坚持走中国特色农业现代化道路，坚持走中国特色农村城镇化道路，坚持保障农民物质利益和民主权利，坚持城乡统筹发展，才能不断解放和发展农村社会生产力，实现城乡协调发展。只有充分尊重农民群众意愿和首创精神，坚持使改革发展成果惠及广大农民，实现农村各类要素资源的有效整合，才能激发破解“三农”问题的内生动力和创造活力，使加快改革发展成为广大农民的自觉行动。在如今全面建成小康社会、全面推进新农村建设的战略机遇期，认真审视“三农”问题，重新发现乡村，意义重大。笔者坚信，当我们重新发现乡村、重新认识到乡村的重要价值及其价值良性开发的时候，我们离中华民族伟大复兴及“中国梦”的早日实现又将更近一步。

带着对国家繁荣、民族富强的强烈情感和热切期待，笔者多年来一直关注着“三农”问题，希望农业、农村、农民都有一个美好的前程。“三农”的发展需要我们的持续关注、长期陪伴、真想真干，一个发展了的“三农”也将值得我们期待。

时值本书出版之际，我想就用2013年春节笔者在葡萄牙里斯本大学留学时写过的一篇随笔《在路上》作为本书的后记。

春节，对于广大中国人而言，就是一次朝圣之旅。随着现代化、城镇化及人口流动的加速，越来越多的人背井离乡，到外地“讨”生活。春节的意义在于以团圆来凝聚情感，更在于以情感来升华一个乡土中国。每个人都在流动的边缘上回归。

八十八年前，毛主席怀着伟大的梦想来到了我的家乡、如今的红色教育基地——吉安井冈山地区。

十二年前，我离开了这片圣地，揣着小小的梦想去了毛主席的故乡——湖南，开始了我的寻梦之旅。在长沙，沿着毛主席的足迹，走过了岳麓山、橘子洲、第一师范、新民学社……一遍遍地吟诵着"恰同学少年，风华正茂；书生意气，挥斥方遒"。

八年前，我再次追随，带着进京赶考的忐忑，求学于京华。首都北京，这个寄托着十几亿中国人梦想的地方，以其无穷的魅力吸引着一批又一批的中华儿女，纷纷踏上了"北漂"之路。

五年前，我放眼世界，踏着我国高等教育高水平、国际化之路，从太平洋的这端，去了遥远的那一端。

于是，过年成了另外一个"梦"。细细数来，有好些个年头没有在家乡过年了。家乡的味道似乎越来越远。

余光中说："乡愁是什么？乡愁是那一张窄窄的船票，我在这头，新娘在那头。"

踏上春运之路的人说："乡愁是什么？乡愁是车票难买，有家难回。"①

游离于不同地区的人说："乡愁是什么？乡愁是不知道家在何方。一会在这儿，一会在那儿。"

其实，自寻梦追梦以来，特别是改革开放以来，这又何止是某一个中国人的愁，这是众多远离家乡故土，处于城乡之间、区域之间、异域文化之间的每一个中国人的内心感受。身所在，心安在？每个人的家乡都在消逝与重构着。

因为，自屈辱的鸦片战争开始，中国就一直在路上，不

① 在笔者的印象中，无论是速度还是硬件设施，这些年我国的铁路交通都有了很大的进步。但是，春运时节的火车票依然是一票难求，其中不可否认的原因之一是，最近几年流动人口更大规模地全国流动。

停歇地寻求着救国图强与民族复兴之道。自然，每一个中国人也在这条路上，呕心沥血地建设着我们的国与家！

国，只有当她从一个空间范畴变成了文化范畴，我们的传统才能与现代对接，现代才不会迷失在这纷繁复杂的万千世界中！

家，只有当她从一个地缘概念变成了归宿概念，大多数中国人才能安居乐业。

也许那时，我们的现代化之路才会越走越宽。“中国梦”也将在中国特色社会主义道路上美梦成真！

亲爱的祖国，您寄托着我的思念，更寄托着我的期待！

我愿意与您一起走在这条大路上！